KB162584

살아있는 샤먼

본서는『活着的萨满-中国萨满教』, 郭淑云/王宏刚 主编, 沈阳:辽宁人民出版社, 2001.4,
(萨满教研究丛书)를 번역한 것이다.

아시아 학술번역 총서 2
가천대학교 아시아문화연구소

알타이학시리즈 7

살아있는 샤먼
–중국 샤머니즘

궈수윈 · 왕훙강 엮음
최재준 · 이지원 · 정문상 옮김

역락

• 머리말

이 책은 중국 북부 일부지역에 여전히 전해오며 존재하는 샤머니즘에 대한 연구 성과를 다양하게 담아내고 있는 『活着的萨满-中国萨满教』의 번역서이다. 샤머니즘은 원시적 문화 형태를 보존하고 있는 일종의 원시종교로써 선사시대부터 지금까지 각 민족의 역사와 철학, 예술과 문화적 양상을 구체적으로 확인할 수 있는 중요한 매개물이다.

중국에서의 샤머니즘에 대한 연구는 1930년대부터 시작되었다. 그러나 대부분 특정 집단에 국한되었으며 이마저도 산발적인 조사에 지나지 않았다. 본격적이고 체계적인 조사는 1980년대 초에 이르러 북방 무속문화에 대한 철저한 조사가 시작되어 지금까지 진행되고 있다. 중국의 궈수윈(郭淑云), 왕홍강(王宏刚) 두 연구자는 『活着的萨满-中国萨满教』에서 중국의 북방 민족 간의 무속적 활동을 실제로 확인하며, 무속 의식에 많은 문화적 요소와 숭배의 개념이 포함되어 있다는 사실을 제시하였다. 또한 이 책에서는 다양한 관념이 반영된 제사의식에 대하여 체계적인 접근을 시도하였고, 그 결과 '사진'이라는 수단으로 풍부한 텍스트적 효과를 느끼게 하는 결과를 만들어냈다.

중국의 샤머니즘에 대한 국내의 연구 성과는 그다지 많다고 할 수 없다. 아직까지 연구자들의 부족으로 인해 양적으로나 질적으로 부족한 것이 사실이다. 이와 같은 현실에서 중국 샤머니즘의 전반적인 사항들을 많은 사람들이 쉽게 접하고 읽도록 하며, 그것을 통해 샤머니즘에 대한 연구 동기를 유발시킬 수 있는 자료가 필요한 상황이라 하겠다.

마침 궈수윈(郭淑云), 왕홍강(王宏剛) 두 학자가 編著한 『活着的萨满-中国萨满教』는 위와 같은 욕구를 충족시킬 수 있는 좋은 책이라 생각되어, 이를 우리말로 옮겨 많은 사람들이 쉽게 중국의 샤머니즘에 대한 이해를 할 수 있도록 한다면 더 없이 좋을 것이란 생각이 들어 이 번역 작업을 진행하게 되었다.

이 책의 출판을 흔쾌히 허락해준 역락출판사 이대현 대표님과 편집자 여러분께 진심으로 감사의 마음을 표한다. 아울러 이 역서를 통해 샤머니즘의 현존하는 형식과 풍부한 문화 콘텐츠가 독자들에게 생생하게 전달되어 많은 사람들이 중국의 샤머니즘에 대한 이해를 더욱 깊게 할 수 있기를 기대한다.

2020.5.

譯者들을 대표하여 최재준 씀

차례

일러두기

1. 본문의 인명, 지명은 국립국어원의 중국어 표기법에 의거하여 한글 표기하였으며, 한자를 병렬 표기하였다.

2. 원문에서의 소수민족 인구 통계를 번역자는 2000년 제5차 인구센서스 결과 수치에 의거 수정, 보충하였다.(2000년 이후 전국조사를 실시한 적이 없다)

3. 본문에서 언급하는 소수민족의 명칭은 다음과 같이 한글 표기하였다.
   '满洲(Manzu)'는 '만주'로, '汉军(Han Aarmy)'은 '한군'으로, '鄂伦春(Oroqen 또는 Orochon)'은 '어룬춘'으로, '鄂温克(Ewenki)'는 '어원키'로, '锡伯(Xibe)'는 '시버'로, '赫哲(Hezhen)'는 '허저'로, '蒙古(Mongols)'는 '몽골'로, '达斡尔(Daur)'은 '다워얼'로, '维吾尔(Uygur)'은 '위구르'로, '哈萨克(Khazaks)'는 '카자흐'로, '柯尔克孜(Kirgiz)'는 '키르키스'로, '裕固(Yugur)'는 '위구'로, '朝鲜(Koreans)'은 '조선'으로 표기하였다.

I

몽매함을 벗어나려는 문화의 발자취-샤머니즘 제례

Ⅰ. 몽매함을 벗어나려는 문화의 발자취-샤머니즘 제례

샤머니즘 제례는 샤머니즘을 믿는 북방 민족이 오랜 역사의 과정을 통해 객관적으로 자연계에 의지하면서 자발적으로 생성, 발전 및 전승해 온 특정한 축제 절차, 예의, 제칙, 금기 등을 가리킨다. 샤머니즘 제례는 일반 종교의 고유한 종교성, 안정성, 절차성 등 공통적인 특징을 가지고 있으며 원시 씨족 사회에서부터 발원하였기 때문에 많은 북방 인류의 고대문화 특성을 보존해 왔다. 샤머니즘 제례는 씨족이 스스로 창조하여 씨족 사람들에게만 엄격히 전하는 씨족 종교 의식이다. 또한 각 씨족 간에는 생산과 생활이 다르고 그들의 제례의 규모, 범위, 내용 등도 차이가 있기 때문에 샤머니즘 제례는 더욱 신비한 의미를 지니고 있다. 형태가 다른 여러 민족의 샤머니즘 제례 중에는 몽매함을 벗어나려는 북방민족의 문화 발자취가 깃들여 있는 것이다.

1. 힘으로 맞서는 대자연-샤머니즘 자연숭배 제례

천궁 숭배를 핵심으로 하는 자연숭배는 샤머니즘의 가장 오래된 숭배 관념이다. 자연숭배는 일원성신, 바람, 비, 천둥, 산천, 강하, 임목초석 등 자연 현상과 자연의 힘에 대한 숭배를 포함하고 있다. 자연숭배 관념은 토템숭배, 영웅숭배, 조상숭배 등 종교적 신념을 기초로 근대 샤머니즘의 각종 제례에 스며들어 있다. 본문에서는 북방 각 씨족의 자연숭배 특징이 비교적 선명한 샤머니즘 제례를 제시한다. 이러한 제례 중에는 일부 상고시대 선인들의 창세신화 및 원시적인 노래와 춤 기술 등을 계승하고 있다. 제례는 사람과 자연의 관계를 조화시키고 씨족의 권위를 유지하고 종족의 감정을 유지하며 씨족 집단의 힘으로 생존과 발전의 길을 개척하였던 것이다.

1) 숲속의 샤머니즘 제례

20세기 초엽까지 중국 다싱안링(大興安嶺) 지역에 살던 어원키족(鄂温克族)과 오른존족(鄂倫春族)은 여전히 부계 씨족 공동체에 속해 있었다. 그들은 사냥꾼으로 일하면서 씨족의 집단 역량에 의지하여 북방의 가난한 숲속에서 굳건히 생존해왔다. 그들은 특색 있고 이채로운 민족문화를 창조하였다. 이러한 문화의 초석이 바로 유구한 역사를 지닌 샤머니즘 신앙이다. 그들은 봄과 가을마다 대제를 거행한다. 이는 씨족에게 화를 면하고 복을 구하며, 사냥의 황금 시기를 맞이하기 위함이다. 사냥, 투망, 집단 이동, 질병, 재난, 풍년, 경축, 결혼, 상례 등의 큰일이 있을 때마다 특정한 샤머니즘 제례 또는 기타 신에게 제사하는 의식을 거행하였다.

(1) 아오루구야 어원키족의[1] 샤머니즘 제례

[사진 1] 어원키족 팔순의 여성 샤먼 뉴라(纽拉)가 순록 굴레를 꿰매고 있다.

1 어원키족(Ewenki)의 인구는 30,505명으로, 주로 중국 동북지구 헤이룽지앙성 너허현(黑龍江省訥河縣)과 네이멍구자치구(內蒙古自治區)에 분포하여 살고 있다. 어원키는 '큰 숲에 사는 사람들'이라는 뜻이다. 어원키족은 언어는 있으나 문자가 없다. 어원키족 목축인 대부분은 몽고문자를 사용하고, 농민은 한자를 사용한다. 대부분 방목과 농업에 종사한다.

[사진 2] 씨족 사람들이 샤먼에게 의복을 입히고 있다.(위)
[사진 3] 샤먼이 춤을 추며 수호신의 강림을 기원하고 있다.(아래)

[사진 4] 샤먼이 북을 치며 천신을 기리고 있다.(위)
[사진 5] 순록의 뼈와 고기를 제단 위에 공양하여 천신을 섬기는 모습.(아래)

[사진 6] 샤먼이 가축을 위해 복을 빌고 있다.(위)
[사진 7] 샤먼의 제사 후, 씨족 사람들이 샤먼 의복을 걸치고 북을 치고 춤을 추며 신을 즐겁게 하고 있다.(아래)

[사진 8] 제사가 끝나고 많은 사람들이 츄오루오즈[2] 안에 둘러앉아 숲을 향해 힘차게 노래하고 있다.

2 츄오루오즈(撮羅子)는 '斜仁柱' 또는 '撮羅昂庫'라고도 하며 어룬춘족(鄂伦春), 어원키족(鄂温克), 허저족(赫哲) 등 중국 동북지역 수렵, 유목민족들의 원뿔형태의 가옥을 말한다.

(2) 다싱안링 어룬춘족[3] 샤머니즘 제례

[사진 9] 다싱안링 어룬춘족 샤먼 멍진푸(孟金福)가 씨족 사람들을 거느리고 산신 바이나차(白那恰)에게 절하고 있다.

3 어룬춘(Oroqen 또는 Orochon)의 인구는 8,196명으로, 주로 네이멍구(內蒙古), 후룬베이얼멍 어룬춘촌자치구(呼倫貝爾盟鄂倫村族自治旗), 부터하치(布特哈旗), 모리다와 다워얼족자치기(莫力達瓦達斡爾族自治旗)와 헤이롱장성 후마(黑龍江成呼瑪), 쉰크(遜克) 아이후이(愛輝), 쟈인(嘉陰) 등의 현(縣)에 분포하여 살고 있다. 어룬춘은 '순록을 사용하는 사람'이라는 뜻과 '산맥의 사람들'이라는 뜻이 있다. 어룬춘족은 그들만의 언어는 있으나, 문자가 없어 대부분 한자를 사용한다. 전통적인 생계수단은 사냥과 낚시 위주였으나, 1953년 정착한 이후 농업과 임업을 주로하고 있다.

[사진 10] 샤먼이 '아차(阿察)[4]'에 불을 붙여 츄오루오즈의 제단을 깨끗이 하고 있다.

4 풀의 일종이다.

[사진 11] 씨족사람들이 샤먼에게 사슴가죽의 신령스런 의복과 사슴뿔로 만든 신령스런 모자를 씌어주고 있다.

[사진 12] 풀의 신[5]이 샤먼에 강림하여 샤먼을 춤추게 하고 있다.

5 풀의 신은 수초를 풍성하게 하고 말을 튼튼하게 해준다.

[사진 13] 어룬춘족 여성 샤먼 관커우니(關扣尼)가 제단 앞에서 노래를 부르며 후리진(胡裏斤)신을 접하고 있다.

[사진 14] 어룬춘족 여성 샤먼이 후리진(胡裏斤)신 춤을 추고 있다. 후리진신은 사악한 병마를 치료하는 역할을 한다.

[사진 15] 여성 샤먼이 굿을 하며 병을 치료하고 있다.
[사진 16] 제례가 끝날 즈음, 여성 샤먼과 씨족사람들은 '구구구' 소리를 내며 피를 마시는 의식을[6] 거행하고 있다.

6 신선한 피는 가장 중요한 제물이며, 백조의 피를 최상으로 간주한다.

[사진 17] 내몽골 어룬춘자치기(自治旗) 어룬춘족 샤먼이 제례 중 굿을 하고 있다.

[사진 18] 60년대 샤오싱안링(小興安嶺) 지역 어룬춘족 샤먼의 질병 치료 의식 모습.

2) 초원의 샤머니즘 제례

중국 몽골(蒙古), 어원키(鄂溫克), 다워얼(達斡爾), 위구르(維吾爾), 카자흐(哈薩克), 키르키스(柯爾克孜)[7], 위구(裕固)[8] 등의 민족 또는 일부의 부족은 오랫동안 중국의 광활한 북방 초원에서 목축업으로 생계를 꾸리거나 수렵과 목축, 또는 수렵과 농업을 해왔다. 이러한 민족들의 샤머니즘 제례는 뚜렷한 초원문화의 특색을 지니고 있다. 가축의 수호신은 초원의 목축지역에서 보편적으로 공양을 받는다. 몽골족 목축지역, 어원키, 다워얼족은 시의 적절하게 가축의 수호신 지아치(吉雅其)에게 제사를 지낸다. 카자흐 유목민들은 가축마다 하나하나 별도의 수호신을 가지고 있다. 가축의 번성과 병으로 인한 재해 방지를 기원하는 것은 초원 샤먼 제례의 중요한 내용이다. 유제품을 주요 제물로 삼는 샤머니즘 제례는 '백제(白祭)'라고 하는데, 이는 초원 샤머니즘 제례의 특징 중 하나이다. '오포(敖包) 제례'는 초원의 유목민족의 오랜 자연숭배 관념과 오랜 역사과정에서의 발전을 집약적으로 보여 준다.

---

7 인구 160,823명의 키르키스족(Kirgiz)은 키르키스 자치주(柯爾克孜自治州)에 살고 있으며, 일부는 신장(新疆) 각지와 헤이룽지앙성 푸위현(黑龍江省富裕縣)에 흩어져 있다. 남부 신장에 사는 사람들은 위구르어를 사용하고, 북쪽 사람들은 카자흐어를 사용하며, 헤이룽장성 푸위현의 사람들은 중국어와 몽골어를 사용한다. 주로 농업과 목축업에 종사한다.

8 인구 13,719명의 위구족(Yugur)은 대다수가 간수성(甘肅省) 하서주랑과 지우췐황니보(酒泉黃泥堡)지역에 거주한다. 그들은 문자가 없고 의사소통에 중국어를 사용한다. 대부분 사냥과 목축업, 그리고 최근 들어 농업에 종사한다.

(1) 오포(敖包) 제례

오포(敖包) 제례는 다워얼족(達斡爾族), 어원키족(鄂溫克族), 몽골족(蒙古族)과 시버족(錫伯族) 등 초원민족의 자연숭배 제례이다. 오포(敖包)는 돌과 나무를 쌓아올린 돌 더미, 첨탑, 흙으로 만든 흙더미를 가리킨다. 그 형상과 구조는 민족과 지역에 따라 약간씩 차이가 있으며, 오포 제례의 의미, 시간, 제사 방법 역시 각각 다르다. 고대에 오포 제례는 샤머니즘 제례의 중요한 내용이었다. 사회역사와 문화의 변천으로 인해 오포 제례는 외래문화의 요소가 일부 혼합되어, 다양한 문화 콘텐츠를 가진 민족의 성대한 축제로 발전하였다.

다워얼족의[9] 오포(敖包) 제례

다워얼족 오포 제례는 매년 봄과 가을에 한 차례씩 거행한다. 봄 제례는 일반적으로 5월에 거행하며 천지강산의 모든 신들에게 풍작에 필요한 적절한 바람과 비를 기원한다. 가을 제례는 11월에 거행하며 여러 신들에게 풍작을 베풀어준 것에 대하여 감사해한다. 다워얼족 오포 제례는 많은 샤머니즘의 전통이 남아있는데, 다음의 사진 자료

9 다워얼족(Daur)은 대부분 내몽골자치구(內蒙古自治區), 헤이룽지앙성(黑龍江省)에 모여 살고 소수가 신장 타청현(新疆塔城縣)에 거주한다. 인구는 132,394명이다. 다워얼족의 기원에 관해 두 가지 설이 있는데, 하나는 고대 거란의 한 분파라고 하고, 다른 하나는 고대 스웨이족(室韋族) 계열과 관련이 있다고 한다. 언어는 있으나 문자가 없다. 청대 만주족 문화의 영향을 받아 만주문자를 통용하였으나 신해혁명 이후 한자를 사용하고 있으며, 몽골, 위구르, 카자흐의 문자도 일부 사용한다.

는 샤먼 아더건(雅德根)의 조수 바거치(巴格其)가 제사를 주관하는 모습이다.

[사진 19] 제례의 참여자 모두 오포에 돌을 올려놓으며 복을 기원하고 있다.

[사진 20] 아더건(雅德根)의 조수 바거치(巴格其)의 주제로 풍년과 재앙, 질병의 방지를 기원하는 제사를 올리고 있다.

어윈키족 오포(敖包) 제례

어원키족 오포 제례는 일반적으로 매년 4, 5월 사이의 길일을 택하여 진행하며, 주로 산신, 수신에게 제사를 지낸다. 오포는 씨족(氏族)오포, 기(旗)오포, 맹(盟)오포 등으로 나뉘는데, 그 본질이 다르기 때문에 제사를 주관하는 자와 참여하는 자들 역시 각각 다르다. 오포 제례는 라마승이 경문을 읽으며 제례를 한다.

[사진 21] '오포'제례는 시작할 때 경마를 거행하는데, 각 부족은 제일 좋은 말을 골라 시합에 참가한다. 경마를 할 때 말들은 모두 멀리서 '오포'를 향해 달려간다.(위)
[사진 22] 신선한 나뭇가지를 꺾어 오색 띠를 두르며 신령스럽게 나무를 장식하고 있다.(아래)

[사진 23] 노인이 오포에 신선한 꽃을 올리며 복을 기원하고 있다.

몽골족[10] 오포(敖包) 제례

몽골족은 오포를 자연계의 상징물로 숭배하였다. 고대 몽골족은 오포가 세워지는 지역을 모두 박(博)이 점쳐 정하였으며, 오포 제례 역시 박이 주관하였다. 라마교가 크게 성행한 이후 라마승의 주관으로 바뀌었다. 오포의 종류가 매우 많고 제례의 시간, 의식 모두 부족에 따라 차이가 있다. 오포 제례는 화제(火祭), 주제(酒祭), 혈제(血祭) 3가지로 나뉘는데, 그 중 혈제가 최고의 형식이다. 현대의 제사는 주제를 가장 많이 하고 있다.

10 몽골족(Mongols)의 몽골이라는 명칭은 '영원한 불', '말위의 민족'이라는 의미이다. 인구는 5,813,947명으로 주로 내몽골자치구(內蒙古自治區), 신장(新疆), 랴오닝(遼寧), 지린(吉林), 헤이롱지앙(黑龍江), 칭하이(青海), 간수(甘肅) 등지에 분포하고 있다. 대부분 목축업에 종사하며 일부 농업에도 종사한다.

[사진 24] 오포 제례는 원래 박(博)이 주관하였는데, 후에는 라마승으로 바뀌었다. 제례 전에 라마와 덕망이 높은 노인들이 오포를 장식하고 있다.(위)
[사진 25] 제례 참여자들은 대열을 지어 오포를 세 바퀴 돈다.(아래)

[사진 26] 모닥불에 불을 붙여 오포 화제(火祭)를 진행하는 모습.

[사진 27] 제례 참여자가 오포 모닥불에 무릎을 꿇고 절을 하고 있다.

[사진 28] 신장(新疆)성 보르탈(博尔塔拉) 오포.

⑵ 몽골 박(博)의 '행박(行博)'의식

몽골족은 박(博)의 종교, 제사, 의식 활동을 '행박(行博)'이라 칭한다. 고대 몽골족은 수렵, 유목, 정벌, 점복, 치료, 장례, 기우, 풍작 등을 기원할 때 모두 샤먼 박(博)을 청해 굿을 했다. 16세기 중엽 라마교가 몽골지역에 전래된 이후, 박(博)의 영향력은 점차 작아져 그 활동 범위 역시 몽골 동쪽 지역에 국한되었으며, '행박'역시 대부분 일반적인 기원, 치료, 점복 등의 활동으로 제한되었다. 기본적인 격식은 주로 신을 향한 기도, 접신, 신을 배웅하는 3단계가 있다. 그 중 접신 후, 박(博)의 혼미한 상태에서 펼쳐지는 천태만상의 춤은 가장 큰 특색이라 할 수 있다.

[사진 29] 행박을 행할 때, 반드시 실내에는 제단을 설치하여야 한다. 박(博)이 제단을 향해 향을 피우며 술을 올리고 있다.

[사진 30] 앙거다오(昂格道:정령)신을 접한 박(博)이 신을 모방하는 춤을 추고 있다.(위)
[사진 31] 보조 박(博)과 신이 내린 박(博)이 대화하는 모습. 박(博)에게 신을 청한 이유와 목적을 설명하고 있다.(아래)

[사진 32] 박(博)이 향을 피워 실내를 깨끗이 하며, 왕림했던 신과 정령을
하나하나 배웅한다.

[사진 33] 실외에서 여러 신을 향해 술을 바치며, 신령의 비호에 감사해하는 박(博)의 모습.(위)
[사진 34] 박(博)의 굿 역시 실외에서 거행한다.(아래)

[사진 35] 몽골 박(博)의 북치는 춤은 독특한 풍격, 동작, 리듬과 표현 형식을 지니고 있다.

⑶ 다워얼족 여성 샤먼 아더건핑궈(雅德根苹果)의 굿 의식

후룬베이얼맹(呼倫貝爾盟) 바옌투어하이진(巴彦托海鎭) 다워얼족 아더건핑궈(雅德根蘋果)는 19살 때 샤먼이 되어 병을 치료하고 점을 치는데 있어서 뛰어나며 접골을 특히 잘한다. 다음의의 자료는 1990년 가을 핑궈의 굿 의식 모습이다.

[사진 36] 아더건(雅德根)이 제단을 향해 신을 맞이하고 있다.

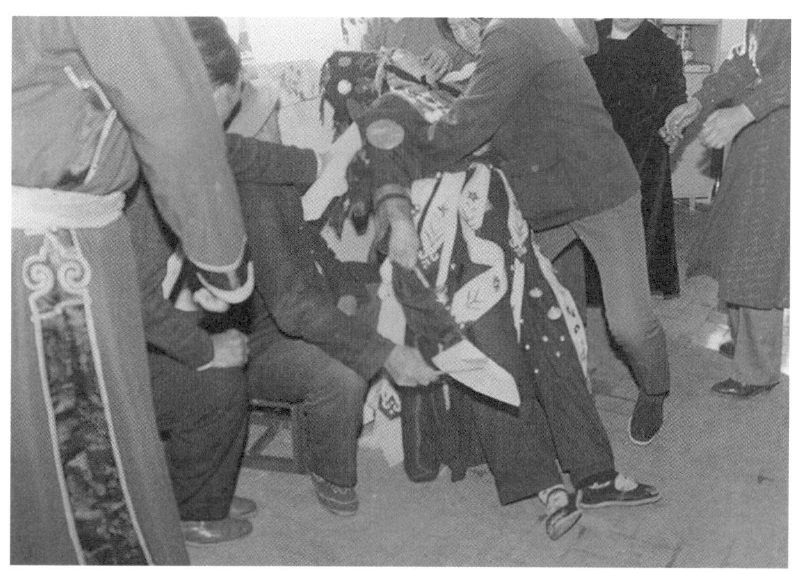

[사진 37] 접신 후 아더건(雅德根)의 혼미한 상태.(위)
[사진 38] 성수를 마시면, 신령은 더욱 신력을 발휘한다.(아래)

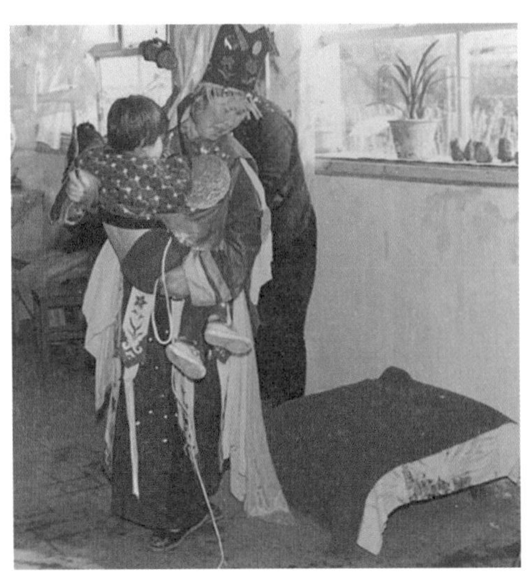

[사진 39] 몸이 약하고 질병이 많은 어린아이의 부모는 아더건(雅德根)에게 보호의식을 거행해달라고 기도한다.(위)
[사진 40] 새롭게 선출된 아더건(雅德根)이 제사 중 스승을 모시고 영적인 검증을 받고 있다.(아래)

[사진 41] 어둠이 내리고 아더건이 신을 배웅하며 정리하고 있다.

3) 오미나릉(奧米那楞)과 알미남(斡米南) 제전

어원키족, 다워얼족은 정기적으로 전체 씨족의 샤먼 굿 집회를 개최한다. 어원키어에서 오미나릉(奧米那楞)이라 하고, 다워얼어에서는 알미남(斡米南)이라 칭한다. 제례의 목적은 신을 섬김으로 자손의 건강과 씨족의 번영을 기원하는 것이다. 씨족의 집단의식은 제례에 뚜렷하게 나타나며, 이러한 제례를 통하여 더욱 발전하게 되었다.

⑴ 어원키족의 오미나릉(奧米那楞) 제전

어원키족은 매년 한 차례씩 오미나릉 제전을 거행한다. 구체적인 시기는 지역별로 차이가 있지만 대부분 목축 지역에서는 8월 어린양이 젖을 뗄 때 거행한다. 전체 씨족 사람들과 샤먼에게 치료를 받은 사람들이 모두 함께 제전에 참여한다. 특히 기름진 양을 제물로 바치며 성대한 제전을 며칠간 계속한다. 주요 제사 순서로는 씨족 인구의 증감 확인, 씨족의 행복과 액막이 기원 등이 있다. 원로 샤먼과 새로운 샤먼의 의식 역시 이 시기에 거행한다.

[사진 42] 푸른 연기를 이용하여 샤먼의 옷으로부터 부정을 제거하고 있다.

[사진 43] 샤먼이 사방의 신에게 엎드려 절하고 있다.

[사진 44] 샤먼이 북을 치며 천신을 찬양하며 사람들과 함께하고 있다.

[사진 45] 강신 후, 춤을 추는 샤먼의 모습.

[사진 46] 샤먼이 착용하던 구리거울을 솥에 끓이고, 끓인 성수를 씨족 자손들에게 뿌려 복을 구하는 모습.

[사진 47] 어원키족의 여성 샤먼 아오윈화얼(奧雲花爾)이 술을 뿌리면서 하늘과 땅에 제를 지내고 있다.

[사진 48] 샤먼이 북을 치며 영적인 노래를 하고 있다.

[사진 49] 어원키족의 여성 샤먼 우르나(烏日娜)가 북을 치며 신을 부르고 있다.

[사진 50] 접신하여 혼수상태에 빠진 샤먼의 모습.

⑵ 다워얼족의 알미남(斡米南) 제전

아더건(雅德根)이 여러 신들에게 제물을 바치고, 전체 씨족을 위하여 액막이를 하며 복을 기원한다. 이와 동시에 아더건의 행각과 신적인 재주에 대하여 영적인 검증을 진행하는 것이 다워얼족 아더건 '알미남(斡米南)'제전의 주요 내용이다. 알미남은 아더건의 가장 성대하고 장중한 제례이다. 일반적으로 3년에 한 번 거행하며, 그 때가 되면 반드시 덕망이 높은 스승 아더건(스승 샤먼)에게 지도를 청한다. 제례를 주제하는 아더건과 스승 아던건은 공동으로 성대한 제전을 진행하며, 신의 강림을 기원한다. 노인이나 아이들 할 것 없이 온 가족이 참여하는 제전으로, 전체 씨족의 성대한 명절이 된다.

[사진 51] 선택된 뜰이나 마당에 '투오루오(托若) 나무'(신령스런 나무)를 세운다.
알미남 의식을 거행하는 제단이다.

[사진 52] 아더건이 북을 치며 신을 부르는 노래를 하고, 씨족사람들도 함께 노래하고 있다.(위)
[사진 53] 스승 아더건이 신이 강림하는 방향을 향해 경건히 기도하고 있다.(아래)

[사진 54] 신령이 먼저 신령스런 나무에 강림해야 비로소 신당에 강림할 수 있다. 아더건이 나무 앞에 이르러 신의 강림을 영접하고 있다.

[사진 55] 제사를 주관하는 아더건은 신의 강림을 주관하고, 스승 아더건은 신에게 기도하고 있다.

[사진 56] 스승 아더건은 앞에서 이끌고 제사를 주관하는 아더건은
그 뒤를 따라 선회하며 열렬한 기세로 춤을 추기 시작한다.
알미남 제전을 고조에 이르게 하고 있다.(위)
[사진 57] 접신 후 아더건이 씨족사람들이 바친 희생물의 선혈을
마시고 있다.(아래)

[사진 58] 이미 고인이 된 다워얼족의 유명한 아더건 황거(黃格)가 60년대 거행한 알미남 제전의 모습. 황거가 실내 투오루오 나무 아래에서 신의 강림을 청하고 있는 모습.(위)
[사진 59] 황거(좌)가 알미남 제전에서 조수 아더건 마라(瑪拉)와 함께 굿을 하는 모습.(아래)

4) 제천

천궁은 자연숭배 제례 중 가장 오래된 숭배대상이며, 하늘에 대한 보편적인 신앙 관념을 지니고 있다. 북방의 여러 민족은 서로 다른 본질을 지니고 있지만 대부분 하늘을 자연신으로 섬기고 있다. 각각의 제천 의식은 서로 다른 양상을 지닌다. 장대를 세우며 하늘에 제사를 지내는 것은 만주족 가정제례의 중요한 제사 형식이다. 최근 들어 몽골족의 제천의식을 홍제(紅祭)와 백제(白祭)로 나누는데 모두 각각의 특성을 지니고 있다. 다음의 자료는 다워얼족의 제천 의식이다. 다워얼족은 천신(騰格里)을 모신다. 천신은 또한 부천(父天), 모천(母天), 공주천(公主天), 관인천(官人天) 등으로 나눈다. 천신은 우상이 없으며, 매년 봄 또는 자연재해가 발생하거나 집에서 안 좋은 일이 생길 때 소, 돼지를 잡아 제사를 지내며, 천신에게 은택을 내려달라고 기원한다. 제천에는 굿을 하지 않고 대부분 아던건의 조수 바거치(巴格其)가 제사를 주관하며, 제문을 낭독하는 경우가 많다.

[사진 60] 다워얼족은 신대를 세워 천신에게 제사를 지낸다. 신대 상단에 건초를 두르고 그 안에 돼지의 각 부위별 고기와 오곡을 채우고 있다.

[사진 61] 제천 신대를 마당 안 버드나무 가지로 엮은 울타리 벽에 꽂아 놓고 있다.

2. 신화적 동물세계와 문화영웅 숭배-
샤머니즘의 야신제(野神祭)와 대신제(大神祭)

샤머니즘 제단에는 많은 동물 신령들이 활동한다. 예를 들면, 매, 독수리, 까치, 까마귀, 물새, 비둘기, 백조 등과 같은 신령스런 새들, 호랑이, 곰, 표범, 늑대, 멧돼지, 수달 등과 같은 신령스런 짐승들, 뱀, 비단뱀, 도마뱀 등의 파충류 동물, 천신지기와 꿀벌 등의 정령들이다. 이것은 신화화된 동물의 세계이다. 이 신기한 샤머니즘의 동물세계에서 주목할 만한 것은 인간이 생존과 발전의 노래를 하고 있다는 것이다. 선민들은 동물의 야만적인 힘을 빌려 몽매에서 벗어나고자 하는 노력을 반영하였던 것이다.

샤머니즘 제단에는 많은 문화 영웅적 신들이 존재한다. 국경을 개척하여 창업한 부족의 용사이거나 가무설창의 전승자로 부족의 설립과 발전을 위하여 공적을 세운 사람들이다. 문화영웅 신을 숭상하고 제사하는 것은 지식과 기술의 전파방식이기도 하지만 집단주의, 영웅주의를 발전시키는 자아교육의 한 종교형식이기도 했다.

샤머니즘의 동물과 문화영웅에 대한 숭배는 만주족의 야신제에 두드러지게 나타난다. '야신제(野神祭)'란 후대에 나타나는 가정제사 형식에 대한 상대적인 것을 말한다. 일반적으로 영웅신인 '만니신(瞞尼神)'과 샤먼신(고인이 된 샤먼)을 포함한 동물신령에게 제사지내는 것을 의미하며, 일부 씨족에서는 대신제(大神祭)라 칭하기도 한다.

1) 만주족[11] 니마차(尼瑪查)씨(楊氏)의 야신(野神) 제례

니마차하라(尼瑪查哈拉)의 한족 성은 양씨(楊氏)이다. 그 조상들은 일찍이 동해 와얼카부(瓦爾喀部) 지금의 훈춘(琿春) 일대에 거주하였다가 청초에 숭화(松花)강 상류로 이주하였다. 이 씨족의 샤머니즘 제례가 제일 잘 보존되어 있는데, 가정제례(家祭)와 야외제례(野祭) 두 가지로 나눌 수 있다. 가정제례는 주로 조상신과 시모신(始母神)인 푸두오마마(佛朵媽媽)에게 제사지낸다. 야신제는 매신, 금조신, 이무기신, 뱀신, 범신, 곰신, 멧돼지신 등의 동물신령을 포함하여 만터만니(蠻特瞞尼), 앙방만니(昂邦瞞尼), 아선허루오만니(啞神何洛瞞尼), 취에선두오후오루오만니瘸神多霍洛(瞞尼), 여전사신 아오두마마(奧都妈妈), 천화여신 타하라(他哈拉), 춤신 마커신만니(瑪克辛瞞尼) 등 문화영웅 신들에게 제사를 지낸다. 1996년 봄, 씨족 사람들에게 '구에이샤먼(桂薩滿)'으로 존경을 받는 대샤먼 양스창(楊世昌)이 젊은 샤먼 4명을 거느리고 일족제례를 진행하였다.

11 만주족(Manzu)은 주로 중국 동북3성에 분포하며 랴오닝성(遼寧省)에 가장 많다. 그 밖에 네이멍구(內蒙古), 허베이(河北), 산둥(山東), 신장(新疆) 등의 도시에 흩어져 살고 있다. 55개의 소수민족 중 장족 다음으로 많다. 만주족의 역사는 유구하며, 2천여 년 전의 숙신(肅愼)인의 자손으로 줄곧 백두산 이북, 헤이롱(黑龍)강 중상류, 우소리(烏蘇哩)강 유역에서 생활했다. 인구는 10,682,263명이다.

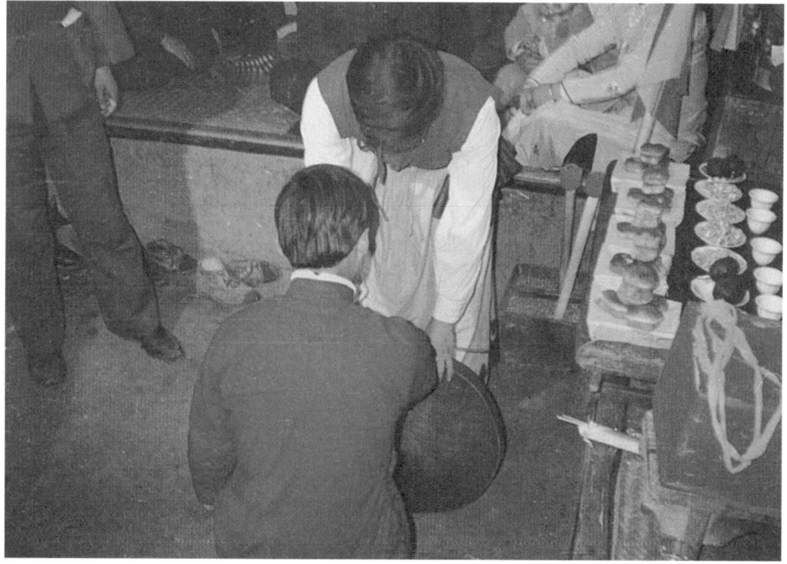

[사진 62] 샤먼이 북을 치고 읊조리며, 초대하는 여러 신들의 이름을 정성스럽게 부른다. 이를 '파이선(排神)'이라 칭한다.(위)

[사진 63] 신들이 신당에 강림하기 전에 샤먼과 쟈이리(栽立, 신을 돕는 사람, 속칭 二神)가 북을 치며 의식을 진행하고 있다.(아래)

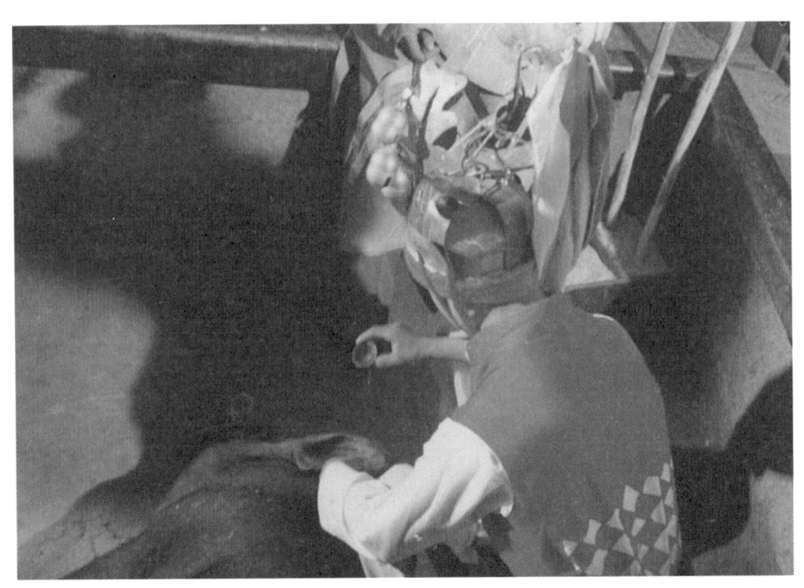

[사진 64] 샤먼이 돼지 귀에 물을 붓고 있다. 돼지 귀가 움직이면 여러 신들이 돼지를 기쁘게 받아들였다는 것을 의미한다.(위)
[사진 65] 사악한 기운을 제거하기 위하여 돼지를 밟는 예식을 행하고 있다.(아래)

[사진 66] 샤먼이 신단 앞에서 비둘기신(超闊恩都里)를 보내고, 마당에 세워놓은 북두칠성 더우(斗) 앞에서 독수리신(首雕神)을 영접하고 있다.

[사진 67] 접신 후 샤먼이 미루오(彌羅)를 맴돌기 시작한다. 이것은
독수리신이 구름 위를 선회하며 날고 있다는 것을 상징한다.

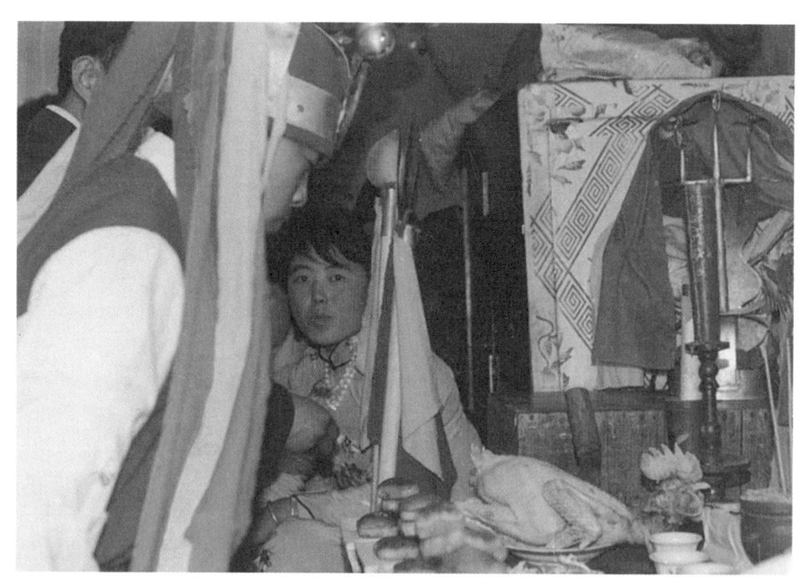

[사진 68] 샤먼이 처마 밑에서 매신(愛神代敏)을 청하면서, 신단 앞에서 준비된 제물을 살펴보고 있다.(위)
[사진 69] 햇빛을 머금은 매의 신이 강림한 후, 씨족 사람이 손으로 신선한 간을 바치는 모습. 이것은 사냥꾼이 매에게 먹이를 주는 것을 재현하는 것이다.(아래)

[사진 70] 팔척의 이무기신(扎坤德扎布点爺)이 강림한 모습. 손에 든 것은 이무기신의 불혀(火舌)를 상징하며, 이것으로 신당의 사악함을 씻어낸다.(위)
[사진 71] 샤먼이 손에 쥐고 춤을 추는 것은 긴 혀를 내민 이무기신이 악귀를 쫓아내는 것을 상징한다.(아래)

[사진 72] 창세영웅신 만터만니(蠻特瞞尼)가 신당에 강림한 후, 샤먼은 두 추로 씨족사람을
가볍게 두들겨 재앙과 질병으로부터 해방시킨다.(위)
[사진 73] 춤신(瑪克辛瞞尼) 접신 후, 샤먼이 씨족사람에게 춤(金鈴, 銀鈴)을 가르치는 모습.(아래)

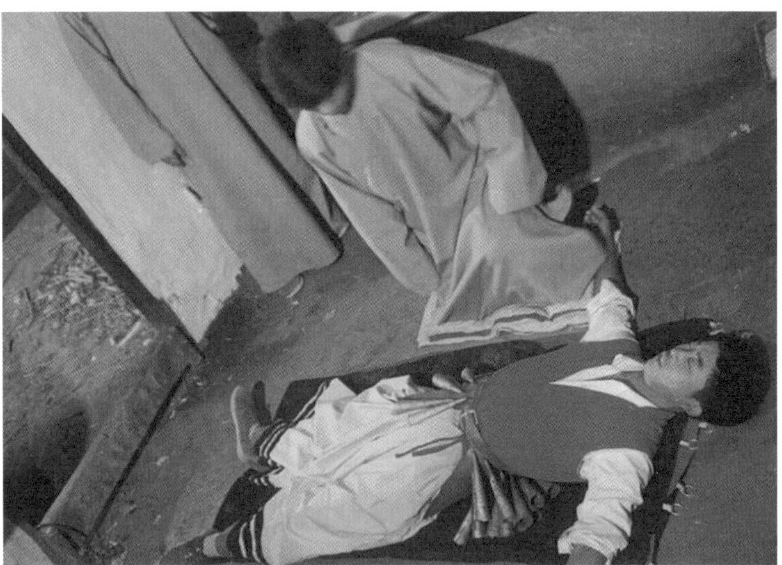

[사진 74] 샤먼이 두 손을 뒤로 묶고, 신(媽媽神)에게 제례 중의 부주의함을 고하는 모습. 신은 그를 용서하였고, 두 손을 묶은 줄이 곧 풀렸다.(위)
[사진 75] 멧돼지 신 접신 후, 샤먼은 기절하여 땅에 누워있고, 쟈이리(栽立)는 신을 영접하는 노래를 부르고 있다.(아래)

[사진 76] 씨족사람들에게 존경받는 양스창(楊世昌)이 신수제(神樹祭)를 주관하는 모습.
가장 큰 신수는 하늘과 통하는 우주의 나무를 상징한다.

2) 만주족 스커터리(石克特立)씨(石氏)의 방대신(放大神) 제례

스커터리하라(石克特立哈拉)의 한족 성은 석씨(石氏)이다. 그 조상들은 백두산에 거주하였으나 후에 청대 이후 숭화(松花)강 중상류의 지우타이 현(九台縣)에 정착하였다. 석씨 일족의 성대한 샤만교 제례를 속칭 '관향(官香)'이라 칭하며 무려 7일간 계속한다. 첫째 날에는 도가신(跳家神)을 진행하는데, 주로 백산신(白山神)인 추오하잔위에(撮哈占爺)와 시모신 푸두오마마(佛多媽媽)에게 제사를 지낸다. 둘째 날부터 여섯째 날까지 방대신(放大神)이라 하여, 이미 신이 된 선배 샤먼, 만니(瞞尼)라 칭하는 부족의 영웅신과 동물 신령에게 제사를 지낸다. 샤먼신을 '타이예(太爺)'라 칭하는데, 첫 타이예부터 일곱 번 째 타이예까지 모두 7위이다. 모두 고인이 되었으며, 신에게 부여받은 샤먼들이었다. 만니신(瞞尼神)은 안바만니(按巴瞞尼), 바투루(巴圖魯瞞尼), 주루만니(朱祿瞞尼) 등 13위가 있으며, 모두 뛰어난 재주를 지닌 영웅 신들이다. 동물신은 속칭 야신(野神)이라 하며, 비호신(飛虎神), 대대명조신(大代明雕神), 수조신(水鳥神), 부웅신(罘熊神), 야주신(野猪神), 금전표신(金錢豹神), 망신(蟒神), 금련예룡신(金煉乂龍神), 금조설신(金鳥舌神) 등 20위가 있다. 방대신(放大神) 제례 중에 여러 신들은 신단에 있는 샤먼의 몸에 내린다. 샤먼은 많은 춤동작과 신비로운 재주를 통해 신의 비범하고 위엄있는 절기를 표현하고, 선민의 자연숭배, 토템숭배 신화를 전승하여 종교관념을 더욱 풍부하게 한다. 일곱 째날에는 하늘에 제사를 지내는 의식을 거행한다. 장대를 세워 하늘에 제사를 지내며, 신과 인간이 함께 고기를 나눈다.

[사진 77] 샤먼과 쟈이리가 마당 중앙 더우(斗) 앞에서 북을 치며 신을 기다린다.(위)
[사진 78] 해와 달 사이를 배회하던 안바만니(按巴瞞尼)가 샤먼의 몸에 내린다. 샤먼의 손에 있는 금빛 동거울은 천상의 신령을 비추며 귀신과 사악함을 쫓고 자식과 복을 구한다.(아래)

[사진 79] 싸움의 용사신 바투루만니(巴圖魯瞞尼)가 신단에 강림하였다. 씨족사람들이 손에 깃발을 들고 샤먼을 따르는 것이 마치 출정하는 듯 하다.

[사진 80] 양검을 지닌 서수오타이만니(奢梭泰瞞尼)가 신단에 강림한다.

[사진 81] 손에 양검을 쥔 자커타만니(扎克他瞞尼)가 신단에서 도술을 선보인다.(위)
[사진 82] 주루만니(朱錄瞞尼)가 신단에 내리고, 샤먼과 쟈이리는 양손에 막대기를 들고 리듬에 따라 이리저리 선회한다.(아래)

[사진 83] 금취은조(金嘴银爪) 백조의 왕 독수리신이 신단에 강림하면, 샤먼은 양손의 북을 흔든다.
이는 독수리신의 거대한 날개를 상징하는 것이다.

[사진 84] 서러(色勒)강을 따라 양손에 망치를 쥐고 강림한 차한머우쿠만니
(查罕冇庫瞞尼)는 신당에서 양쪽으로 망치를 흔들며 위세를
떨치고 있다.(위)
[사진 85] 양손에 채찍을 쥐고 신당에서 즐겁게 놀고 있는 것은 서러거치만니
(色勒各其瞞尼)신이다.(아래)

[사진 86] 춤의 신 마커지만니(瑪克己瞞尼)가 손에 황금거울과 황금방울을 쥐고 씨족사람들과 함께 춤을 추고 있다.(위)
[사진 87] 외호신(臥虎神)은 어미 호랑이로 신단에 강림한 후에 '새끼 호랑이'를 잡고 있다.(아래)

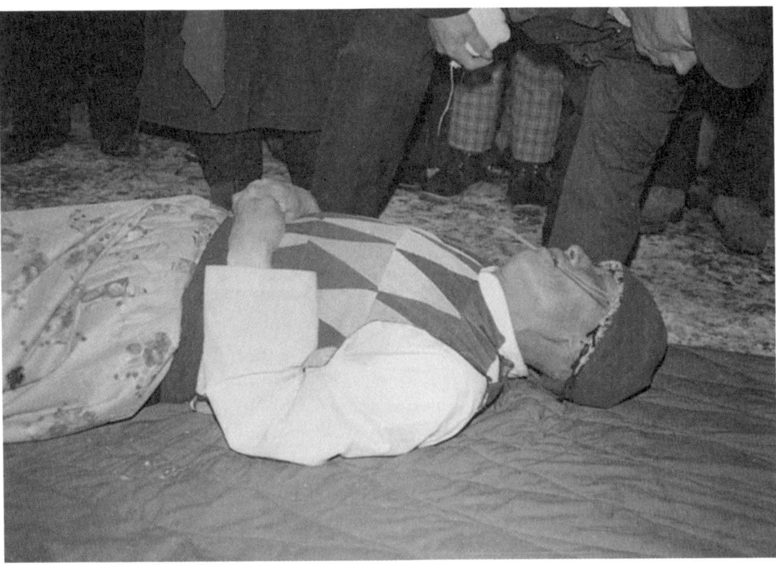

[사진 88] 금화화신(金花火神)은 불을 관장하는 신이다. 손으로 향을 피며 춤추는 것은 불의 신이 인간에게 불을 전해주는 것을 상징한다.(위)
[사진 89] 이무기신(蟒神)은 백두산에서 운무를 타고 강림한 것이다.(아래)

[사진 90] 화련금신(火煉金神)이 샤먼에 내리면 샤먼은 맨발로 이글거리는 불 위를 지나가고,
쟈이리 무리들도 샤먼을 따라 맨발로 지나간다. 이를 속칭 파오후오츠(跑火池)라 한다.

3. 조상 수호신을 부르는-만주족의 가정제사와 시버족의[12] 가을제사

조상숭배는 샤머니즘의 중요한 종교관념 중의 하나로써, 인류 자체 성장을 반영하였다. 이는 근대 샤머니즘의 보편적인 관념의 형태이기도 하다. 조상숭배 관념은 만주족의 가정제사와 시버족의 가을제사에 비교적 강하게 반영되어 있다. 제례는 샤먼의 주제로 비교적 규범화된 제사 과정과 의식을 진행한다. 샤먼은 선조 수호신을 부르는데, 그 중 일부는 조상 수호신의 성격이 짙은 상고시대 자연신과 토템신도 포함한다. 그러나 모두 선조 수호신의 성질을 가지고 있었다. 제사는 씨족의 평안과 풍작, 행복을 기원하는 것을 목적으로 한다.

12 시버족(Xibe)의 인구는 188,824명으로 주로 동북 지린성(吉林省)성과 랴오닝성(遼寧省), 신장(新疆) 차부차얼(新疆察布査爾) 등지에 크게 분포하고 있다. 시버족의 기원에는 두 가지가 있다. 하나는 고대 시엔베이(鮮卑)에 기원한다고 여겨 넌장(嫩江)이나 숭화(松花)강 일대에 거주한 시엔베이인이 시버족의 선조라는 것이고, 다른 하나는 시버(錫伯)는 지명으로 청대의 스웨이산(室韋山) 일대를 시버라 칭했는데, 이 지역에 거주하던 사람들 때문에 이 이름을 갖게 되었다는 것이다. 시버족의 문자는 1947년 만주족 문자를 기초로 약간 변형시켜 만든 것이다. 신장의 시버족은 현재까지 그들 민족의 언어와 문자를 유지하고 중국어와 위구르어, 카자흐어를 겸용한다. 동북쪽의 시버족은 언어, 의식, 거주 등의 분야에서 현지의 한족, 만주족과 기본적으로 같은 점이 많다.

1) 만주족의 가정제사

청태조 누르하치(努爾哈赤)이래로 민족 사상을 통일하기 위해서 후금과 청초 통치자들은 다양한 형태의 샤머니즘 제례를 규범화하도록 노력하였다. 건륭(乾隆) 연간에 청 조정은 만주족의 샤머니즘 법전인《흠정만주제신제천전예(欽定滿州祭神祭天典禮)》를 반포하였다. 그 중 규정된 제사대상의 신령은 주로 아이신쥐루오(愛新覺羅) 가족의 조상신과 여진 선대의 수호신 등이다. 예를 들면, 하늘신 뉴환타이지(紐歡臺吉), 영웅신 커툰누오엔(喀屯諾延), 수택신 은더우리성구(恩都哩僧固), 별신 나단다이훈(納丹岱琿), 아기보호신 푸리푸두오어모시마마(佛裏佛多鄂漠錫媽媽) 등이다. 또한 농경신과 여래 관음, 곤제 등의 불교와 도교의 잡신 역시 샤머니즘 신단에 포함시켰다. 이런 규범화된 제례는 점차 만주족에 의해 보편적으로 받아들여져 가정제사라 칭해지게 되었다. 만주족의 가정제사는 뚜렷이 격식화된 특징을 지니고 있다. 제사 양식은 각 씨족마다 대동소이하며 상당히 안정성을 갖추고 있다.

집안 제사는 상렬제(常例祭), 소관향(燒官香), 허원제(許願祭), 속보겸제조(續譜兼祭祖) 등 다양한 방식이 있는데, 가정의 평안함과 풍요로움을 기원하는 것이 주요 취지이다. 야외 제사(野神祭)를 존치한 만주족에게 집안 제사는 여전히 제례의 중요한 구성 부분이다. 만주족의 가정제사 형태가 보편적으로 행해졌다는 것은 만주족의 샤머니즘이 이미 민족 종교로 진화되고 있음을 나타내는 것이었다. 지린시(吉林市) 우라(烏拉) 지역의 만주족 과얼지아하라(瓜爾佳哈拉)에 함풍(咸豐) 연간에 만주문자 신본과 만주어음을 한자로 표기한 것이 전해지는데, 이들의 제례는 만주족 가정제사의 대표적인 예라 할 수 있다. 다음의 자료는 1995년에 치러진 가정제사의 주요 과정이며, 다른 만주족 씨족의 가정제사는 대표적인 부분만 수록하였다.

[사진 91] 족장은 지난 번 제사 때 불렀던 조상 시아즈(匣子)를 부른다. 조상 시아즈는 조상신과 수호신을 대표한다. 속칭 '주이예(祖爺)'라고 한다.

[사진 92] 대표 신위가 있는 황색 휘장 앞에서 제사를 주관하는 샤먼이 연식향(年息香)[13]을 비비며, 농사의 신 우신베이러(烏忻貝勒)에게 오곡의 풍작과 가축의 번성을 기원하고 있다.

13 야생 두견화의 마른 가지 잎으로 만든 향을 말한다.

[사진 93] 원로 샤먼이 경문을 읽은 후에, 족장이 깨끗한 물을 돼지 귀에 넣는다. 돼지 귀가 움직이면 모두 들 좋아한다. 이것은 조상신이 후손의 제사를 흠향한다는 의미로, '링성(領牲)'이라 칭한다.(위)
[사진 94] 샤먼은 백년간 재해가 없고 60년간 병이 없기를 기원하며, 북을 치고 노래를 부르며 부락의 수호신이 신당에 강림하기를 청한다.(아래)

[사진 95] 별들이 보이면 등불을 끄고 배등제(背燈祭)를 거행한다. 샤먼은 나단라훈(那丹拉渾), 아훈니엔시(阿渾年錫), 타이닝거거(泰寧格格) 등의 신이 신당에 강림하길 청한다. 이러한 상고시대의 수호신은 팔방의 평안과 밤새 재앙이 없기를 보우해준다.(위)

[사진 96] 만주족은 서쪽을 중시한다. 서쪽의 벽은 성스러운 장소로 제례 중 오직 샤먼만이 서쪽에 앉아서 음식을 먹을 수 있다.(아래)

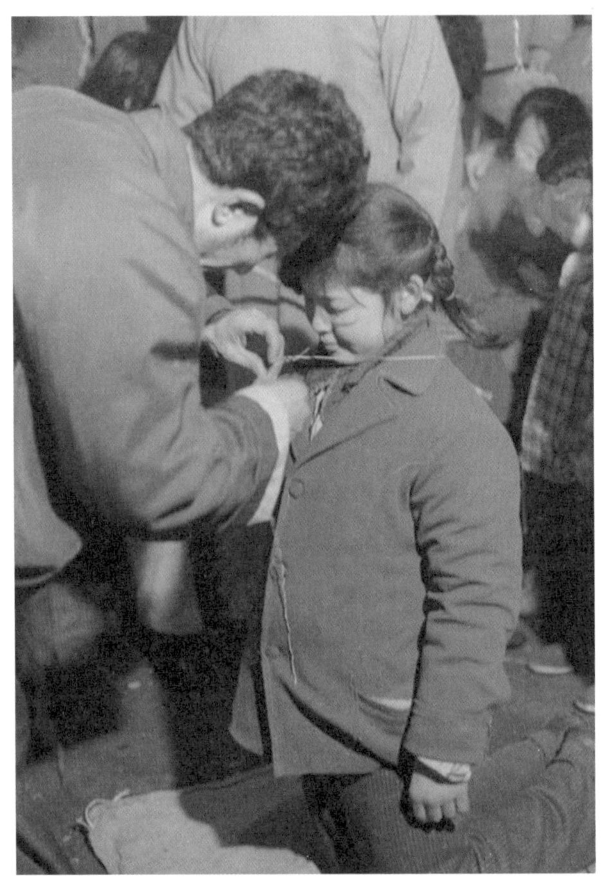

[사진 97] 샤먼이 여자아이의 목에 시모신 푸우두오마마의 오색실(속칭 쇄선, 鎖線)을 걸어주며 용모단정하게 자라기를 기원한다. 남자아이가 쇄선을 지니면 바투루(巴圖魯)(용사)가 될 수 있다.

[사진 98] 아이가 오지 않으면 엄마가 쇄선을 대신 수령하는데, 샤먼이 엄마의 엄지손가락에 메어준다.(위)

[사진 99] 제천 신대의 높이가 9척인 것은 9층 하늘을 상징한다. 막대기 끝 짚에는 오곡과 돼지 내장을 올려놓아 까마귀나 까치가 먹을 수 있도록 한다. 또한 천신 아부카언도우리(阿布卡恩都裏)에게 황금빛 가을을 기원한다.(아래)

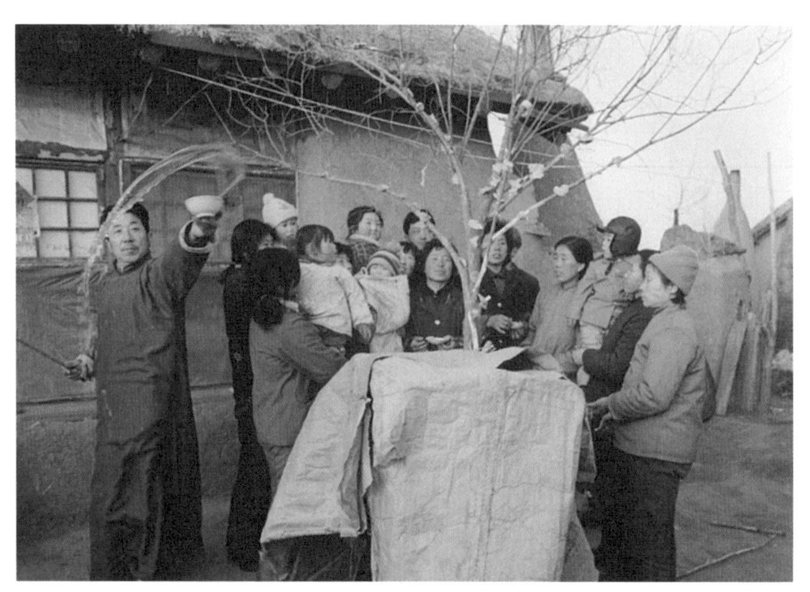

[사진 100] 버드나무 가지 위에 촘촘하게 달린 물방울 모양의 것은 자손이 많은 것을 상징한다. 샤먼이 생명의 물을 뿌린 후 씨족 사람들은 상서러운 물방울 모양의 것을 서로 다투어 먹는다.(위)
[사진 101] 가정제사가 끝날 때, 족장은 씨족 무리들을 데리고 제천 신대를 엄숙히 숭화(松花)강에 보낸다.(아래)

[사진 102] 만주족 조씨(趙氏), 가정제사를 지내기 전에 대문에 풀로 엮은 시파(喜把)를 걸어 조씨 제사임을 알린다. 이 때 상복과 개가죽으로 만든 옷과 모자를 쓴 사람은 출입을 금한다.(위)
[사진 103] 털이 긴 말을 제사의 신마로 선택한다. 타얼마(它兒馬)라 칭한다. 사진 은 원로 샤먼이 신마의 몸을 정리하고 있는 모습.(아래)

[사진 104] 샤먼이 북을 치며 가축의 번성을 기원한다.

[사진 105] 신이 강림한 후, 대샤먼 관윈강(關雲剛) 관윈장(關雲章)이 양손으로 소매를 걷어 올린 후 발을 구르며 처녀춤을 추고 있다.(위)
[사진 106] 만주족 양씨(楊氏) 제천 의식을 거행할 때, 돼지 껍질을 벗겨 모닥불에 구워 음식으로 만들고 신에게 경배한 후 함께 먹는다.(아래)

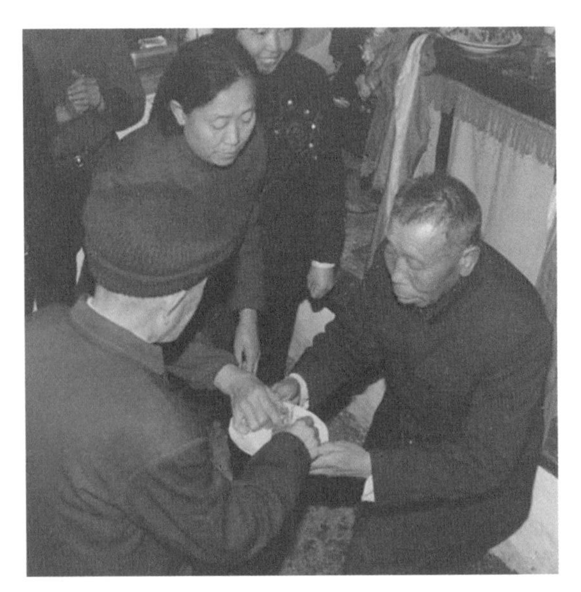

[사진 107] 가정제사가 끝나면 온가족이 기뻐한다. 샤먼과 씨족 사람들이 서로 축하한다.

[사진 108] 만주족 부차하라(富察哈拉) 부씨(傅氏)의 가정제사에서 볼 수 있는 요령무(腰鈴舞).(위)
[사진 109] 여자 샤먼이 서로 북을 치며 춤을 추고 있다.(아래)

2) 시버족(錫伯族)의 가을제사

시버족이 수렵 생산방식에서 농경 위주의 경제형태로 변한 후, 샤머니즘 문화도 약간의 변화가 생겼다. 풍작 기원을 내용으로 하는 가을제례는 농업경제의 결과물이다. 봄과 가을에 사악한 기운을 누르려고 행해지는 굿과 질병 치료를 목적으로 하는 제사는 근대 시버족 샤먼의 중요한 신적 활동이다. 샤먼은 노래와 춤으로 신을 기쁘게 하고, 씨족 사람들은 풍작을 거두는 기쁨과 다음해에도 황금의 가을을 허락해달라고 신에게 염원한다.

[사진 110] 신을 부르기 전에 샤먼이 투오리(托里)에게 제사 지낸다. 샤먼의 호심경[14]은 스승에게서 전수받는 것이다. 호심경의 획득 여부는 샤먼 술법의 수준에 따라 결정되기 때문에 매우 존중받는다.

14 가슴 쪽에 호신용으로 붙이는 구리 조각을 말한다.

[사진 111] 샤먼이 염소를 제물로 조상신께 바치고, 노래와 춤으로 풍작을 기원한다.

3) 청궁당자제(清宮堂子祭) 유적

청궁당자제(清宮堂子祭)는 청나라 황제의 샤먼 가정제사이다. 제사를 받는 주체는 가족 대대로 추앙받는 조상신과 수호신이 대부분이지만 일부 외부에서 유입된 신도 있다. 청궁당자제의 제주는 청궁이 특별 임명한 샤먼 부인이다. 새해 제천, 출정, 개선 등의 중요한 제례는 청 황제가 직접 참석하고, 그 외 일제(日祭), 간제(桿祭), 욕불제(浴佛祭), 마제(馬祭) 등은 사람을 파견하여 참석시켰다. 청궁제사는 모두 황궁 안 특정 궁전에서 거행되었다. 선양 고궁 청녕궁(清寧宮)과 베이징 고궁 곤녕궁(坤寧宮)은 각각 청입관 전후에 천궁제례를 거행하던 신전이다. 청궁당자제는 사당화, 격식화된 특징을 가지고 있다.

[사진 112] 선양 고궁 청녕궁(清寧宮)과 제천 신대.(위)
[사진 113] 베이징 고궁 곤녕궁(坤寧宮).(아래)

[사진 114] 베이징 고궁 마신묘(馬神廟) 외경.

4. 문화 복합형 샤머니즘 제례-한군(漢軍) 기향(旗香)과 조선족 무당 제례

청나라 초기에 일부 한족사람들이 청나라 조정이 편제한 한군팔기에 편입되었다. 한군팔기는 오랜 기간 동안 만주족과 공동생활을 하면서 그들 스스로의 제례를 형성하였다. 이를 속칭 한군(漢軍) 기향(旗香)이라 한다. 제사의 신령은 한족의 불교, 도교와 민간에 전해지는 여러 신들 이외에도 일부 당대 역사 또는 전설속의 영웅적인 인물도 있으며, 샤머니즘의 일부 동물 신령 역시 포함된다. 제례의 제주를 '신강(神匠)', '고낭신(姑娘神)'또는 '샤먼'이라 칭하였다. 한군(漢軍) 신강(神匠)은 제단에서 신을 부르고 접신하여 신과 소통할 수 있다. 이러한 것은 샤머니즘 제례의 한 갈래로 볼 수 있다.

1) 한군[15] 장씨(張氏) 기향 제례

지린(吉林)성 우라(烏拉) 지역의 한군 장씨, 그 선조는 청초 전쟁의 공을 세워 한족팔기에 편입되었고, 이후 오랫동안 타생오랍아문(打牲烏拉衙門)에서[16] 직무를 담당하였다. 그들의 기향제례는 비교적 온전히 보전되어,

15 한군(Han Aarmy)은 청대 제도 중 한군팔기(漢軍八旗)의 간칭이다. 한군팔기에 편입된 이들 대부분은 한족이다. 그들은 기인(旗人)들과 동등한 대우를 받았으며 평상시에는 생업에 종사하다 필요할 때 전쟁에 참여하였다. 그들은 만주족과 함께 살아왔기 때문에 대부분 이미 만주족으로 흡수되었다.

16 청대 관청명이다. 길림에 설치되어 조정에 받치는 공물을 담당하던 기관이다.

신강(神匠), 신본(神本), 의복(神服), 도구(神器)는 지금까지 전해지며, 애절하고 비장한 노래와 각종 신비스런 멋진 춤과 기교를 지니고 있다. 만주족 샤먼이 본인의 성씨 제사만을 제주하는 것과는 달리 한군 기향 제례에서는 외부 성씨의 신강(神匠)이 같이 제단에서 제사를 지낼 수 있다. 다음의 자료는 1985년 초봄 향을 피우는 속보제례(續譜祭禮)의 실제 모습이다.

[사진 115] 여주인이 경건하게 신위 앞에서 분향하고 있다.

[사진 116] 안채 정중앙 위쪽에 16위의 신령 초상화가 모셔져 있다. 신강은 상아빗, 거울, 작은 자귀나무 꽃으로 신들의 머리를 빗기고 치장을 한다. 이를 '개금구(開金口)'혹은 '개광(開光)' 의식이라 칭한다.

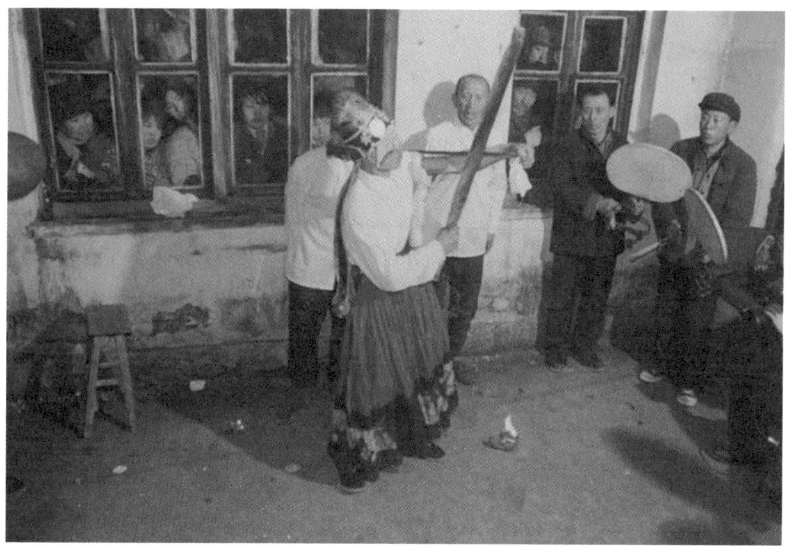

[사진 117] 신강 4명이 북을 치며 신을 부르는 노래를 하고 있다. 노래가 절정에 이르렀을 때 신령이 가운데 2명의 몸에 내렸다.(위)

[사진 118] 신강의 청동 쌍칼을 개산도(開山刀)라 하는데, 산을 열고 물을 나눌 수 있으며, 귀신을 쫓아낼 수 있다. 신강은 사방에 칼을 휘두르며 '우루다오(五路刀)'라 부른다. 분향하는 주인이 소와 말을 기를 수 있도록 중앙에서는 칼을 휘두르지 않는다.(아래)

[사진 119] 멧돼지신(野猪神)이 몸에 내렸다. 두 개의 은비녀는 양 볼을 뚫고 나오는 돼지의 송곳니를 나타낸다. 전설에 의하면 당왕(唐王)이 동쪽을 정벌할 때 많은 돼지들의 도움을 받았다고 한다. 그래서 돼지를 신으로 제사지낸다.

[사진 120] 다음 날 해질 무렵 신강은 두 번째 신령이 자리에 돌아오라고 청한다. 이를 '방관상신(放觀象神)'이라 칭한다. 신강은 '기신(起神)', '참신(参神)'후 신을 놓아준다.

[사진 121] 금화불신(金花火神)이 신당에 강림하고, 신강은 불타는 향을 손에 들고 춤을 춘다. 이것은 여신이 불과 광명을 인간에게 주는 것을 상징한다.

[사진 122] 밤이 깊어 제례가 마무리 될 무렵 문전박대 당했던 흉악한 악귀가 실내에 들어가 함께 즐기려 한다. 씨족 사람들은 문을 열고 환영한다. 이를 '청반(請班)'이라 하는데 '班'은 귀신의 다른 이름이다.

[사진 123] 기량과 지혜를 다투는 '귀신대전(鬼神大戰)'이 진행되고 있다. 신강은 신을 대표하여 악귀를 누르고 최종 승리를 한다.(위)

[사진 124] 삼성(三星)이 서쪽에 기울어 닭이 울기 직전, 신강은 북을 치며 망혼을 보낸다. 신강은 새로운 신상(神像), 기상(旗相), 희화(喜花)를 문 안에서 불태운다. 이것은 이미 귀신을 모두 떠나보냈다는 것을 나타내는 것이다.(아래)

2) 조선족[17] 무당 제례

조선족 선조들은 샤머니즘을 주요 신앙으로 삼았다. 유교, 불교, 도교 문화를 수용한 이후 기존 샤머니즘 형태가 크게 변화되었다. 유교, 불교, 도교의 관념이 상당히 중요한 위치를 차지하게 된 것이다. 조선어로 제사장을 무당이라고 부른다. 그러나 근세 들어 조선족 무당은 이미 씨족 종교의 핵심과 대표성을 지니지 않고, 사회에서 활동하는 무당이 되었다. 그 제사의 신령도 이미 고대 씨족 조상신, 수호신의 성질을 갖지 않게 되었다. 그러나 일부 고대 샤머니즘의 자연신, 동물신은 여전히 전승되고 있다. 그 관념과 표현형식은 여전히 상당한 샤머니즘 성질을 지니고 있다. 다음의 자료는 지린(吉林)성 조선족 무당 송정숙(宋貞淑)이 1991년 봄에 복을 기원하고 병을 고치는 제례를 거행한 주요 과정이다. 송정숙은 여덟 살이 되던 해에 조선 황해도에서 열병을 앓고 무당의 지식을 배웠다. 열한 살 부터 무당 관련 일을 하고 점을 잘 쳐 '아이무당'이라 불리었다. 열여덟 살 때 중국에 건너와 지금까지 의술을 행하고 있다. 그녀는 천신(天神), 용신(龍神), 호신(虎神), 남두성(南斗星)과 북두성 등을 주요 신으로 모시고 있다. 무당 제례는 여러 가지가 있는데, 촌락을 위하여 재앙을 없애고 평안을 구하는 것, 자식이 없는 사람들 위해서 북두성에게 자식을 구하는 것, 중병자를 위하여 병 치료하는 것, 한 집안의 귀한 아들을 위하여 장래를 기원하는 것, 한

17 조선족(Koreans)의 인구는 1,923,842명으로 주로 동북 지린성(吉林省), 랴오닝성(遼寧省), 헤이룽지앙성(黑龍江省) 등에 분포하고 있다. 전체의 60%가 연변 조선족자치주에 살고 있다. 1870년대 이후 연변 지역으로 이주한 대규모 조선족들이 공동체를 형성했다. 대다수는 조선어와 조선문자를 사용하지만, 중국어를 말하고 쓴다.

가정의 평안과 악귀 제거를 기원하는 것, 혼인을 정한 남녀의 행복을 기원하는 것, 사망자의 망령을 하늘로 올리는 것 등이다.

[사진 125] 무당이 머리에 제수품을 올리고 춤을 추며 신령을 즐겁게 한다. 의복의 칠색 소매는 칠성신(七星神)을 상징한다.

[사진 126] 신을 즐겁게 하는 소매춤을 춘 후에 겉옷과 삼각 모자를 벗어 신단에 강림하는 신을 맞이할 준비를 한다.(위)
[사진 127] 무당이 실신하였다. 이는 남두성신(南斗星神)이 몸에 내린 것을 의미한다.(아래)

[사진 128] 무당이 돼지머리(제수품 중의 하나)를 머리에 이고 춤을 추며 신에게 감사하다.(위)
[사진 129] 무당의 오른손에는 칠성종(七星鈴)을, 왼손에는 삼불부채(三佛扇)를 쥐고 사람들의 복을 기원하고 있다.(아래)

[사진 130] 무당이 칼춤을 추어 제례가 절정을 이르게 한다. 이는 제주를 도와 귀신을 퇴치하는 것을 의미한다.

Ⅱ

인간과 신의 중개자-샤먼

Ⅱ. 인간과 신의 중개자-샤먼

샤먼은 샤머니즘 정신세계와 신적 활동의 핵심적인 존재이다. 샤머니즘은 샤먼으로부터 취한 명칭이다. 중국 북방 여러 민족들 사이에는 샤먼을 부르는 명칭이 약간씩 다르다. 퉁쿠스어 계통의 만주족, 어룬춘족, 어원키족, 시버족, 허저족[18] 등은 '샤먼'이라 칭하고, 몽골족은 남자를 '박(博)', 여자를 '니아오더간(鳥得干)'이라 칭하고, 다워얼족은 '아더건(雅德根)'이라 칭하고, 카자흐족[19], 위구르족[20] 등은 '바커시(巴克西)'라 칭한다. '샤먼'이 단

18 허저족(Hezhen)의 인구는 4,640명으로, 주로 중국 동북의 헤이룽지앙성(黑龍江省)의 헤이룽지앙(黑龍江), 우수리지앙(烏蘇哩江)과 숭화(松花)강의 연안에 분포한다. 허저족은 명대의 여진(女眞)의 한 지파로 중국 북방지역의 유일한 어렵 생활을 하는 민족이다. 문자가 없어 대다수의 사람들은 중국어와 한자를 통용한다. 주로 어렵과 수렵에 종사하며, 개가 끄는 썰매는 그들의 중요한 교통수단이다.

19 카자흐족(Khazaks)은 주로 신장 이리하사크 자치구(新疆伊犁哈薩克自治區), 아러타이(阿勒泰), 타청 (塔城)지구 및 무레이(木壘) 빠리쿤하사크 자치현(巴里坤哈薩克自治縣) 및 우루무치(烏魯木齊) 등지에 분포하고, 소수는 간수 아크싸이(甘肅阿克塞)와 칭하이(靑海) 등지에 분포한다. 인구는 1,250,458명이며, 카자흐문자는 아랍어에 기반을 두고 있다. 농업과 목축업을 주로 하고 있다.

20 위구르족(Uygur)은 주로 신장 웨이우얼자치구(新疆維吾爾自治區)의 톈산(天山) 이남의 커스(喀什), 허톈(和田) 일대와 아크수(阿克蘇), 쿠얼러(庫爾勒) 지역과 톈산(天山) 북쪽의 이리(伊犁) 등지에 흩어져 살고 있으며, 소수는 후난(湖南)의 타오위안(桃源), 창더(常

어는 퉁구스어로 본래의 의미는 '알고 있다'는 뜻이다. 샤먼은 신의 뜻을 아는 사람으로 사람과 신의 중개자이다. 샤먼은 해당 씨족에서 높은 권의를 지니고 있으며 상당히 중요한 사회적 지위와 영향력을 갖추고 있다.

샤먼은 씨족의 안전을 지키는 수호자로서 여러 가지 직무를 가지고 있다. 종교 축제나 중요한 사건이 발생하면 씨족을 위한 제사를 거행하거나 구성원의 액막이, 병자를 위한 병 치료, 자식이 없는 사람을 위하여 북두성에게 올리는 기도, 중병자를 위한 구마의식 치료, 신생아가 건강히 태어나도록 간구하는 것 등의 문제를 해결하고, 길흉을 점치고, 재해를 예언하며 씨족의 생계를 위한 계획을 세우는 씨족 문화의 승계자이자 전달자이다.

초기에는 각 씨족의 샤먼은 나름 까다로운 절차를 거쳐 신에 의해 '선택'되어야 했다. 반드시 선임 샤먼의 영혼이 돌고 돌아 씨족 구성원의 몸에 내리면, 특정된 '신을 받아들이는 의식'을 통과하여 샤먼이 된다. 이후 사회의 발전에 따라 일부 씨족사회에서는 세습이나 선출로 샤먼이 탄생되기도 한다. 최근 들어 샤머니즘은 중국에서 점차 약해졌다. 그럼에도 불구하고 일부 민족에는 여전이 전승, 전파되고 있으며, 일부 씨족에서는 여전히 샤먼을 선택하고 있다.

德) 등지에 거주한다. 인구는 8,399,393명이다. 위구르족의 문자는 아랍어 문자를 기초로 한 병음문자와 라틴자모를 기초로 한 문자, 두 종류의 문자를 병용한다. 주로 농업에 종사하고 있으며 목화와 쌀을 재배하기도 한다.

1. 샤머니즘 신탁

신탁은 샤먼의 신성한 노래, 씨족 전통제사 과정의 형식과 금기를 모두 포함한다. 최초의 신탁은 원로 샤먼의 '깨달음의 결과'였다. 이러한 것들이 후대로 전해지면서 점차 풍부해진 것이다. 신탁은 샤머니즘의 신앙 관념을 집약적으로 나타낸 것으로 풍부한 문화적 의미를 지니고 있다. 샤머니즘의 정신을 대표하고 있어 샤머니즘의 경전이라 칭하기도 한다.

구전된 신탁은 가장 오래되고 중요한 형태이다. 어원키족, 어룬춘족, 허저족, 다워얼족 몽골족, 조선족 등은 지금까지 여전히 이 오래된 전통을 이어받고 있다. 문자로 기록된 신탁은 신탁의 발전된 형태이다. 만주족, 시버족과 한군 샤먼은 구전 신탁을 토대로 문자를 이용하여 기록하는 신탁을 발전시켜 구전신탁과 기록신탁을 병존하게 하였다. 실제 전승은 구전 신탁과 기록신탁 사이의 일종 신탁 전승방식인 것이다.

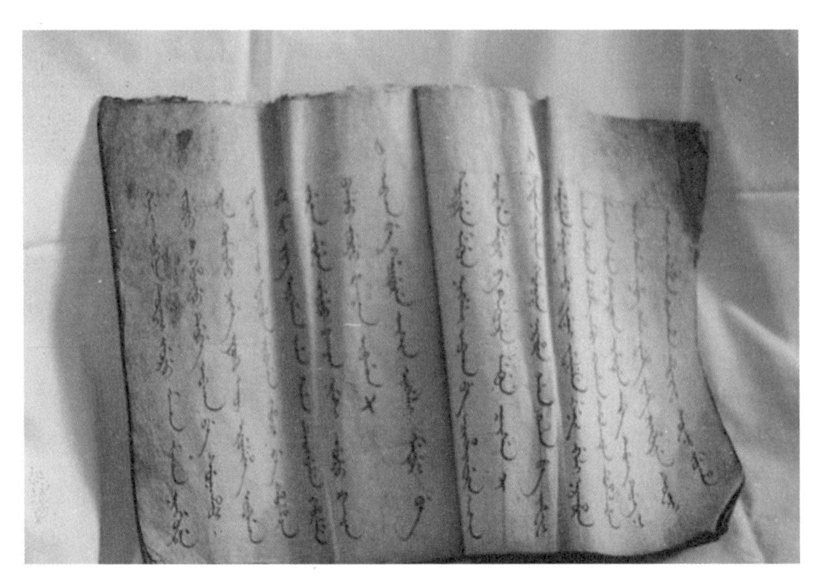

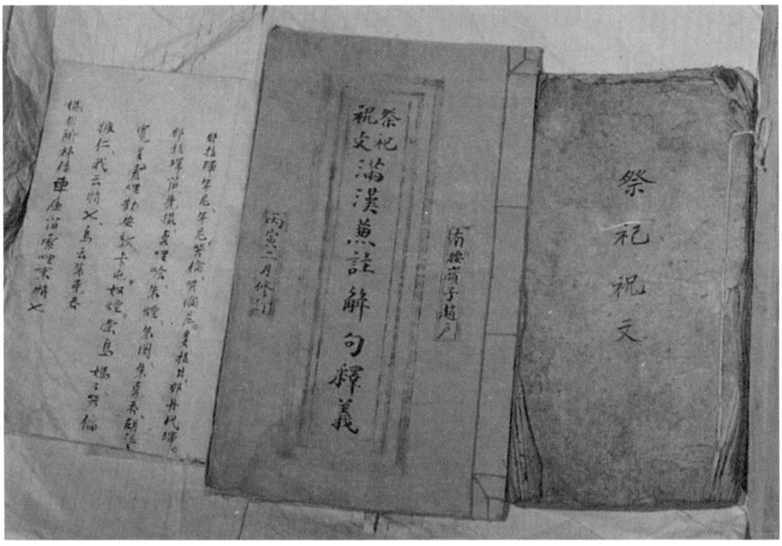

[사진 131] 용지(永吉)현 만주족 우수과얼지아(烏蘇瓜爾佳)씨 (關氏)가 보존한 만주족 샤먼의 신탁.(위)
[사진 132] 만주족 자오(趙) 성씨의 한자 표음본 샤먼 신탁.(아래)

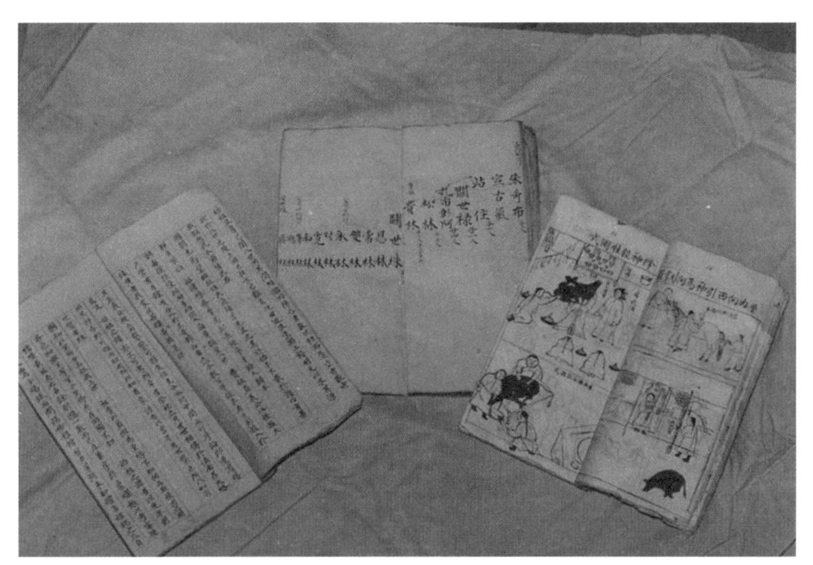

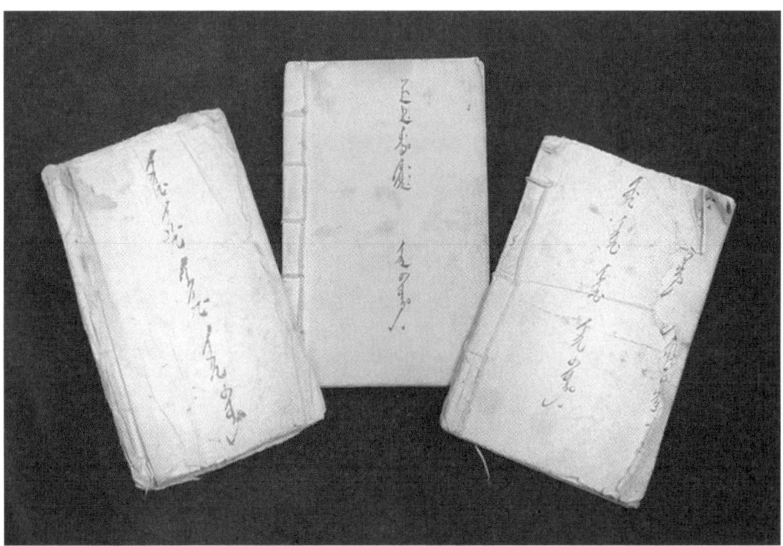

[사진 133] 리아오빈타(療濱塔) 만주족 과얼지아(瓜爾佳) (關氏)가 보존한 신보와 그림.(위)
[사진 134] 시버족 샤먼의 신탁. 《기도, 축원, 찬양》, 《병을 고칠 때 부르는 노래》.(아래)

2. 샤먼 도구(神器), 의복(神服), 우상(神偶)

샤먼 도구, 의복의 종류는 매우 많으며, 모두 독특한 상징 의미를 지니고 있다. 이것들은 제례 중 샤먼이 신과 통하는 필수 매개이다. 샤먼 우상은 제사, 숭배의 대상으로 비범한 신성, 신력을 지니고 있다. 샤먼 도구, 의복과 우상은 또한 독특한 조형예술품이기도 하다.

1) 샤먼 도구(神器)

서로 다른 민족과 종족은 각기 다른 샤먼 도구를 사용하지만, 손북은 그들 모두가 공동으로 사용한다. 손북은 제사와 춤을 위한 주요 악기일 뿐만 아니라 신비한 힘을 지닌 중요 도구이기도 하다. 그것은 광활한 우주를 상징하며, 그 소리는 능히 신령을 불러오게 하고, 악령을 몰아내는 무기이기도 하며, 그것으로 점을 칠 수도 있다. 그밖에 일반적인 도구로는 청동거울, 검, 화살, 종, 케스터네츠, 창, 지팡이, 동물의 이빨, 초목, 금석 등이 있다. 이 모든 도구들은 일종의 신력을 가지고 있어 샤머니즘 제례 중 없어서는 안 되는 도구들이다.

[사진 135] 위구르족 사민(巴克西)의 손북.(위)
[사진 136] 만주족 제사에 사용되는 구리종으로 만주어로는 '홍구'라 한다.(아래)

[사진 137] 만주족 제천 신간과 조성된 담.

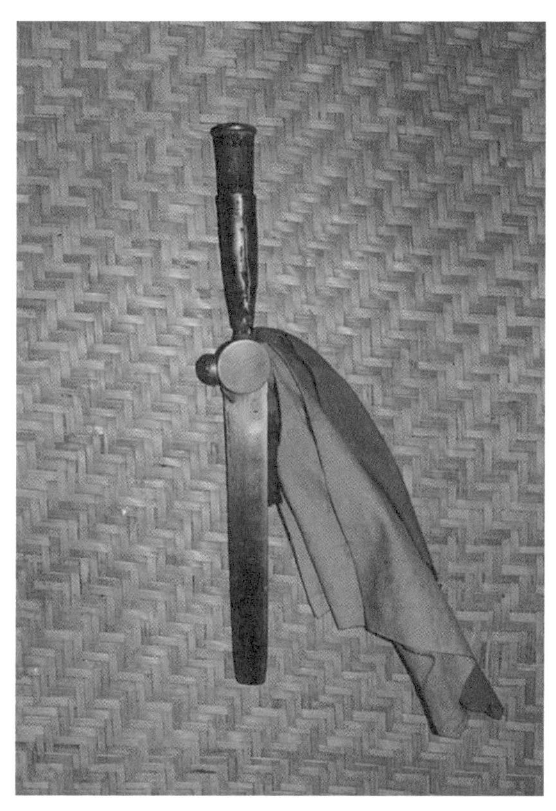

[사진 138] 박(博)이 사용하는 제사용 칼.

[사진 139] 시버족 샤먼이 사용한 창.

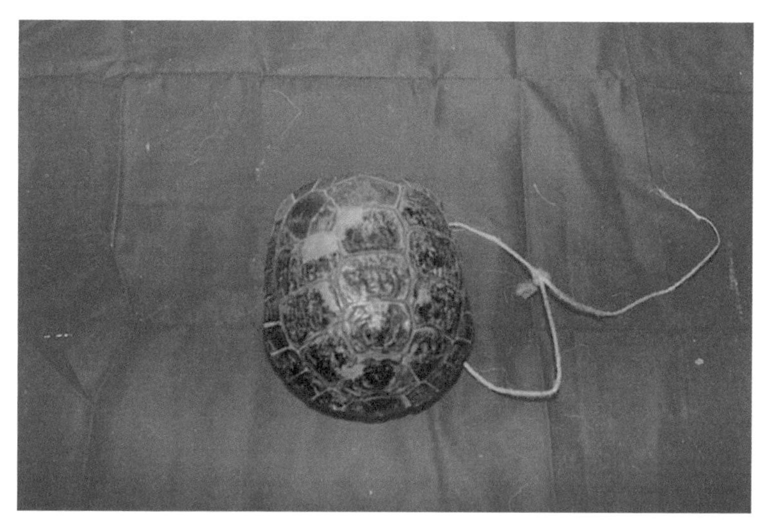

[사진 140] 위구르족 샤먼이 사용하는 의료용 귀갑.

2) 샤먼 의복(神服)

샤먼 의복은 모자, 옷, 치마, 가죽신 그리고 각종 장신구를 포함한다. 그 디자인과 형상 모두 특정한 종교적 상징 의미를 지니고 있다. 예를 들면, 샤먼이 패용하는 크고 작은 청동거울은 일월성진을 상징하며, 악으로부터 보호한다는 의미를 내포하고 있다. 모자에 새겨진 디자인과 장신구들은 샤먼의 영적 계통을 상징한다. 사슴 뿔 관은 사슴신 계통을 상징하고, 늑대 발톱, 늑대 꼬리, 늑대 두개골 등의 장신구 모자는 늑대신 계통을 상징하고, 매 모자 장식은 새의 신 계통을 상징한다. 모자의 장신구들은 샤먼의 등급과 신적 기술을 나타낸다. 샤먼의 복식은 샤먼 사상관념의 부호체계를 형상화고 있다. 샤먼은 의복을 갖추고 제단에서 신과 소통하는 것이다.

[사진 141] 박(博)의 모자. 머리에 장식한 비조는 샤먼의 혼백이 하늘을 나는 능력을 상징한다.

[사진 142] 허저족의 일곱 사슴뿔 모자 장신구.

[사진 143] 어룬춘족 샤먼의 의복.

[사진 144] 다워얼족의 아더건 의복.

3) 샤먼 우상(神偶)

샤먼 우상은 특별한 힘을 가진 신격화된 숭배 대상이다. 그들은 동물 모양, 새 모양, 뱀 모양, 벌레 모양, 사람과 비슷한 모양, 반인반수, 인형 등 매우 많은 형태가 있다. 풀과 나무, 쇠와 돌, 살가죽과 뼈 또는 천 등의 재료로 만들거나 그려 제작한다. 샤머니즘 관념 속에 우상은 샤먼의 선견지명적인 꿈이나 질병에 따라 모양이 결정된다. 이 꿈은 엄숙하게 피를 마시는 의식을 통해 영적화, 신성시되어 물질로 구현되는 것이다. 이 우상들은 사물에 대한 통찰력을 지니고 있어 질병을 치료하고, 악을 몰아내고, 재앙을 예측하고 피할 수 있게 한다. 그들은 씨족 구성원들을 보호하는 진정한 신들이다. 우상은 씨족 샤먼을 통하여 비밀리에 전승되며, 평상시에는 신당이나 신성한 자루에 보관하다가 제사 때 꺼내 사용한다.

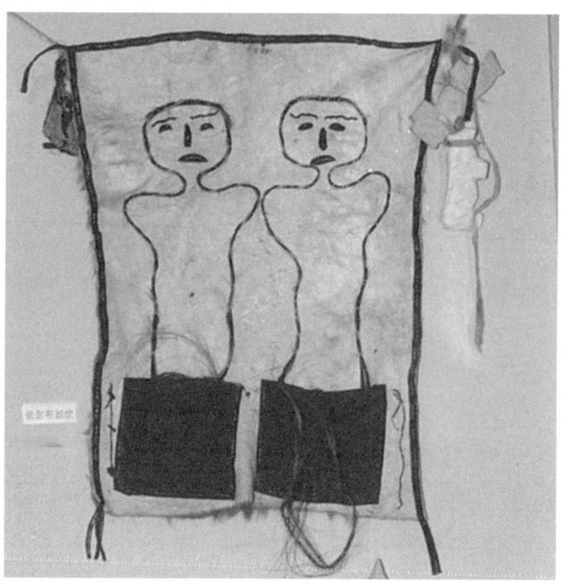

[사진 145] 어룬춘족이 풀을 이용하여 만든 우상 '쿠리진(庫力斤)'.(위)
[사진 146] 어룬춘족의 '주오얼부루칸(佐爾布如坎)' 우상.(아래)

[사진 147] 허저족의 목각 조상 우상.(위)
[사진 148] 만주족이 직물로 만든 조상 우상. 가운데 삼각형의 검은 천(여성의 성기를 상징)이 있는 것은 여신이다. 돌출된 두 눈은 울창한 숲에서 멀리 볼 수 있도록 한 것이다.(아래)

[사진 149] 만주족의 나룻배신 우상 '웨이후언도우리(威呼恩都里)'는 자매의 신이 배를 타는 씨족사람들을 보호해준다.(위)
[사진 150] 펠트로 만든 몽골족의 조상 우상.(아래)

3. 샤먼 점복

샤먼 점복은 샤먼이 규정된 절차를 통과하여 씨족과 그 구성원의 행복과 액막이를 위하여 진행하는 영적 활동이다. 샤먼 점복은 제사 중의 점복과 일상적인 점복 두 가지가 있는데, 일상적인 점복이 더 보편적이다. 씨족 구성원들은 언제든지 샤먼에게 점복을 청할 수 있는데, 점복은 샤먼의 중요 직무이다.

태초의 점술은 인류의 생존 필요에 의하여 나타난 것으로, 자연계의 여러 현상에 대한 관찰과 체험을 바탕으로 그 자연 현상과 법칙, 변화에 대한 초보인식이었다. 자연의 섭리를 통한 예측으로 별자리 점, 풀을 이용하는 점 등과 같이 원시적이고 질박한 유물주의 성질을 지니고 있다.

현대 샤먼 점복은 원시 점술의 일부를 보존하고 있으며, 특정 도구를 사용한다. 그 도구와 방법은 민족마다 약간씩 다른 특징을 지니고 있다. 샤먼의 점술은 일반 대중에게 영향력이 있으며, 일부 점술은 이미 많은 사람들이 사용하고 있다.

[사진 151] 다워얼족 아더건의 제례 의식 중, 아더건의 보조 파거치(巴格其)가 돼지 어깨뼈로 길흉의 점을 치고 있다.

[사진 152] 만주족의 설제(雪祭) 중의 '잔부만니(占卜瞞尼)', 오랍초(烏拉草) 줄기를 이용하여 유실물의 위치를 찾고 있다.(위)

[사진 153] 한군 신강(神匠)이 멧돼지 송곳니를 북에 올려놓고 관측하여 제사의 순조로움 여부를 점친다.(아래)

[사진 154] 허저족 여인이 불탄 갑골의 무늬를 보며 길흉을 점치고 있다.

4. 샤먼 치료

샤머니즘의 탄생은 원시 수렵민족의 재난, 질병의 유행과 밀접한 관계가 있다. 그래서 사람들은 자신이 가장 원하는 바를 표현하여, 신령에게 안전과 재앙으로부터 보호받기를 기도한다. 씨족 구성원들의 질병을 치료하거나 제거하는 것은 샤먼의 자연적인 임무이다.

샤먼이 병을 치료하는 방법은 두 가지이다. 하나는 악을 몰아내는 종교의식의 굿을 통하는 것이고, 다른 하나는 샤먼에게 전승되어 축적된 민간요법을 사용하는 것이다. 굿 치유는 일종의 심리요법이다. 샤먼은 전통고유의식을 통하여 환자에게 심적으로나 정신적으로 편안함을 만들어주는 것이다. 그러한 치유의식은 민족마다 지역마다 전승된 샤먼 방법의 차이로 각각 차이가 있다. 예를 들면, 전염병이 생기면 샤먼은 의식을 거행하여 전염병을 몰아내거나 안마, 얼음 치료, 침술, 부항, 채혈, 기공 치료, 민간요법 등의 의술을 동반한 의식을 거행한다. 정신요법과 의료작용을 서로 결합시킨 효과를 실현하는 것이다. 샤먼은 북방민족 의학의 축적된 자산 중 일부라 할 수 있으며, 일부 저명한 원로 샤먼은 씨족의 덕망 있는 어른으로 존경받는 의사라 할 수 있다.

1) 샤먼 굿 치료

[사진 155] 다워얼족 아더건의 보조 파거치(巴格其)가 화살 3개를 천으로 싸서 환자의 고통 부위로부터 바깥쪽을 향해 뽑아낸다. 이는 질병의 근원인 병마를 환자의 몸에서 끌어내는 것을 의미한다.

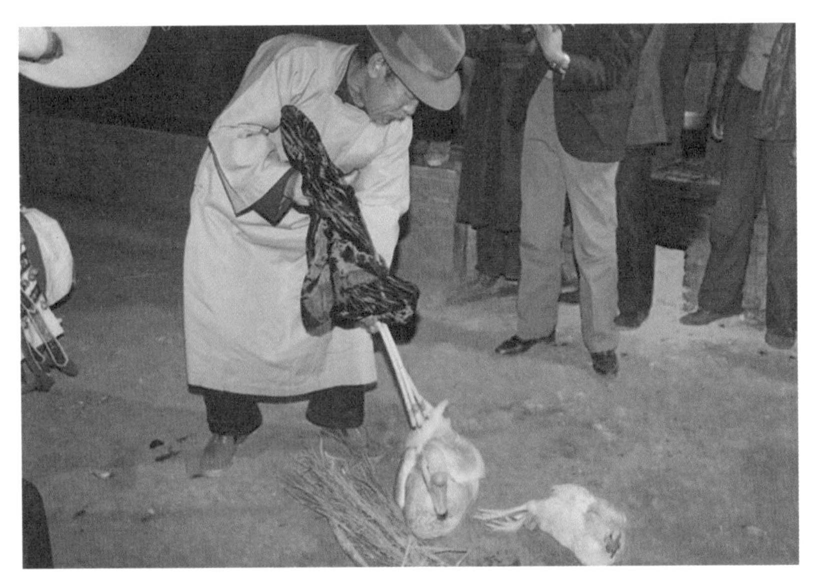

[사진 156] 파거치(巴格其)가 뽑아낸 병마의 화살을 가축에 옮긴다. 이것은 병마가 이미 가축에 옮겨져 환자가 평안해졌음을 나타내는 것이다.

[사진 157] 화살을 불에 태운 후 하늘을 향해 쏜다. 이것은 병마를 몰아낸다는 의미이다.

[사진 158] 깊은 밤 아더건이 병마가 옮겨진 가축과 제사 물품을 마을 밖으로 몰아낸다.

[사진 159] 키르기스 바거시(샤먼)가 구마의식을 거행할 때, 바거시 오른손은 신검을 쥐고, 왼손으로는 환자의 머리를 누르면서 치료를 하고 있다.

[사진 160] 주제 바거시는 깃발 주위를 돌며 기도하고, 바거시의 보조는 깃발 방향으로 줄을 타고 꼭대기로 올라간다. 이것은 신의 위엄을 나타내는 것이다.

[사진 161] 바거시는 향을 피워 환자의 입에 흔들면서 악귀를 몰아낸다.
이 치유 의식이 절정에 이르렀다.

[사진 162] 위구르족 바커시가 깃발을 세우고 구마의식을 준비하고 있다.

[사진 163] 환자는 두 손으로 깃대를 잡고, 바거시는 환자의 병치료를 위하여 기도를 올리고 있다.

[사진 164] 전염병이 생기면 다워얼족은 아더건을 청해 구마의식을 치른다.(위)
[사진 165] 구마의식을 치르기 위해서는 동물을 도살하여 신에게 받쳐야 한다.(아래)

[사진 166] 아더건 보조 바거치는 전염병이 남아있는 옷과 물건들을 털어낸다. 이것은 전염병을 제거하는 것을 의미한다.

[사진 167] 제사가 끝난 후 사람들이 땅에 앉아 고기를 함께 먹고 있다.

2) 샤먼 치료 방법

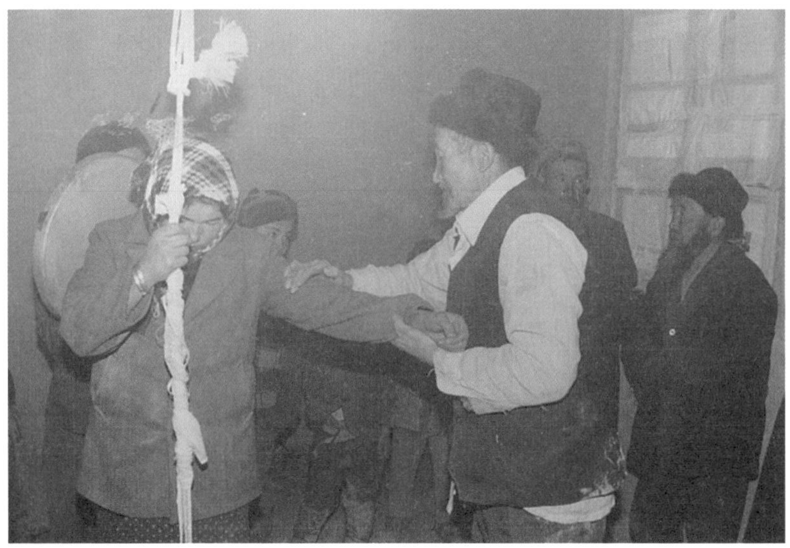

[사진 168] 만주족 샤머니즘 설제(雪祭)에서 깨끗한 눈으로 마사지하며 병을 치료하고 있다.(위)
[사진 169] 위구르족 바커시(巴克西)가 구마의식으로 마사지하며 환자를 치료하고 있다.(아래)

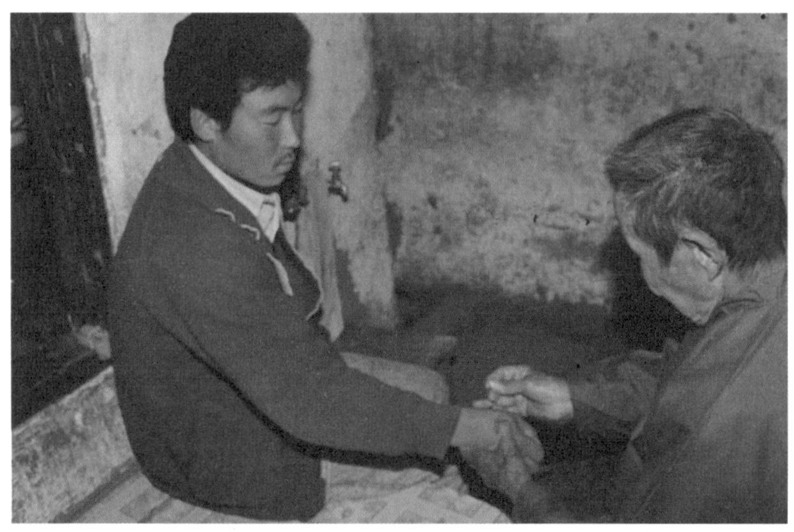

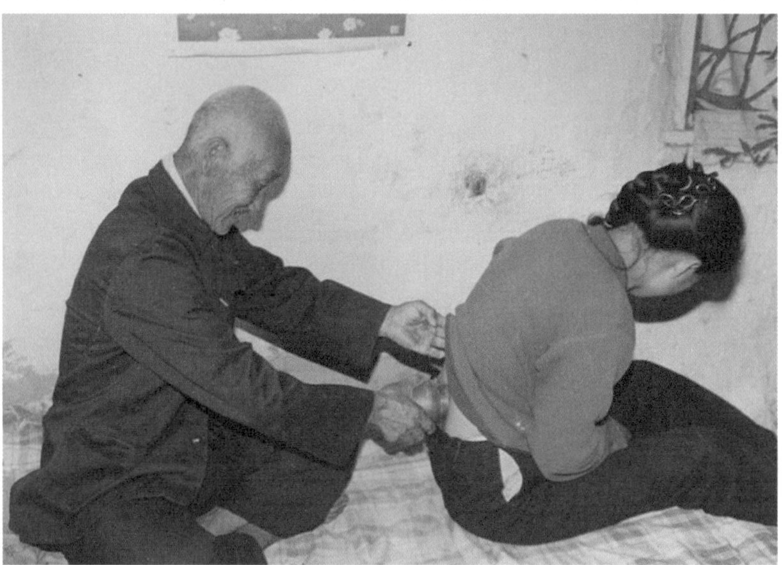

[사진 170] 침술은 샤먼이 자주 사용하는 의술이다. 다워얼족 아더건 어원하이(鄂文海)가 병을 치료하고 있다.(위)
[사진 171] 부항을 사용하는 것은 북방지역의 민간요법 중 하나로, 샤먼이 자주 사용한다.(아래)

샤먼과
북방 민속

Ⅲ. 샤먼과 북방 민속

고대부터 북방사람들은 샤머니즘의 분위기 속에서 생활하며 번성하고 발전하여 지금의 세대까지 이어왔다. 샤머니즘 사상 관념은 대대로 북방민족의 정신적, 심리적, 성격과 사상의식에 영향을 미쳤으며, 북방민속의 형성, 발전, 변화에도 지대한 영향을 끼쳤다. 역설적으로 말하자면, 북방민속 또한 중국민족의 고유한 샤머니즘 신앙관념이 전파되고 지속될 수 있도록 도움을 준 것이다. 샤머니즘이 북방민속에 미친 영향에서 알 수 있듯이 샤머니즘은 북방민족 민속관념 형성과 발전의 토대가 된다. 예를 들면, 태양을 숭배하는 것, 불을 숭배하는 것, 백색을 선호하는 것, 조상을 숭배하는 것, 새를 좋아하는 것, 동굴에 거주하는 것, 피를 마시는 것 등은 북방민족에게 흔히 볼 수 있는 풍습이다. 그 연원을 거슬러 올라가면 샤머니즘의 사상관념과 밀접한 관계가 있다. 또한 경로사상, 상례, 기복 풍습과 민간문예 등 역시 샤머니즘 사상관념의 직접적인 영향아래 형성되고 발전된 것이다.

1. 조상숭배와 가계보(家譜), 경로사상

북방인류의 주체의식이 강해짐에 따라, 조상숭배는 점차 샤머니즘의 주요 숭배관념이 되었다. 그것이 북방민속에 끼친 영향은 다양하다. 그 중에서도 가계보(家譜)와 경로사상의 형성과 발전은 조상숭배 관념과는 밀접한 관련이 있다. 만주족, 시버족과 같이 문자가 있는 민족에게는 더욱 성행하였다. 사실, 가계보를 이어가는 풍속은 오래전부터 있었다. 만주족 가정제사에서 모시는 시모신(始母神)인 푸두오마마(佛朵媽媽), 시버족 제례 중 자손 번성을 보우하는 신 시리마마(喜利媽媽), 그 상징물은 모두 각 세대를 대표하며 '자손승(子孫繩)'은 실물로써 가계보 역할을 한다. 그래서 제례 중 자물쇠를 바꾸는 제사는 가계보를 이어나간다는 의미이며, 조상숭배와 씨족숭배 관념을 내포한 채 경건하게 자손이 번성하기를 기원하는 것이다. 청대 이후, 만주문자 또는 한자로 가계보를 기록하는 풍습이 성행하였다. 만주족 가계보 기록 습관은 한족과 비슷한 점이 있지만 만주족 가계보에는 샤머니즘의 문화적 특징이 어느 정도 남아 있다. 노인을 공경하는 풍습은 북방민족에게 매우 보편적이다. 이러한 풍습은 일상생활 중에 스며들어있다. 예를 들면, 노인을 위한 세배, 생신 축하연, 노인을 대할 때 예절 등 모두 구체적인 경로의 풍습이다.

[사진 172] 만주족 가계보 의식에서 민주적으로 선출된 새로운 족장이 규정을 낭독하고 있다.

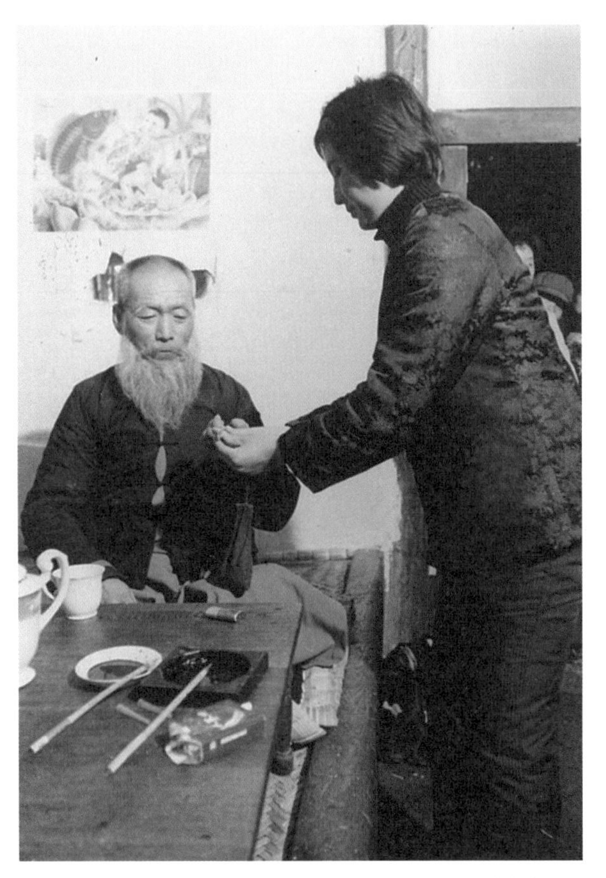

[사진 173] 두 손으로 노인에게 담배를 권하는 것은 만주족의 일상적인 예절이다.

[사진 174] 어원키족 아랫사람이 윗사람에게 술을 권하고 있다.

2. 영혼관과 장례 풍습

사람은 영혼을 가지고 있으며 그 영혼은 불멸의 존재이다. 이것은 샤머니즘 영혼관의 기본사상이다. 영혼 불멸의 사상관념은 북방 장례풍습에 직접적인 영향을 주었다. 북방민족의 장례 풍습에는 샤머니즘의 영혼관념이 구체적으로 생생하게 표현되었다고 할 수 있다. 북방민족의 장례 형식은 주로 풍장(수장), 화장 및 토장 등으로 이루어지고 있다. 그 중 수장은 가장 오래된 장례 형태이다. 어룬춘족 등은 일반적으로 수장을 대표적인 장례 형태로 치른다. 후에 이를 기반으로 두 번 장사하게 되었다. 우선 수장 후 토장을 하는 것으로, 사냥터에서 죽으면 잠시 땅에 묻어 수장을 하고, 나중에 유골을 수습하여 씨족묘지에 매장하는 것이다. 같은 씨족사람들과 함께 묻히면 '죽은 사람들이 저승에서 다시 함께 살 수 있다'고 믿는 것이다. 영혼관념의 영향을 받은 북방의 장례 풍습은 다양하게, 북방 여러 민족들의 영혼관념을 구체적으로 보여주고 있다.

[사진 175] 1960년대에 어룬춘족은 여전히 수장을 치렀다. 장례 전에 샤먼은 고인을 위하여 영혼을 보내는 의식을 수행한다.

[사진 176] 어룬춘족 수장 형식의 하나-현관장(懸棺葬)

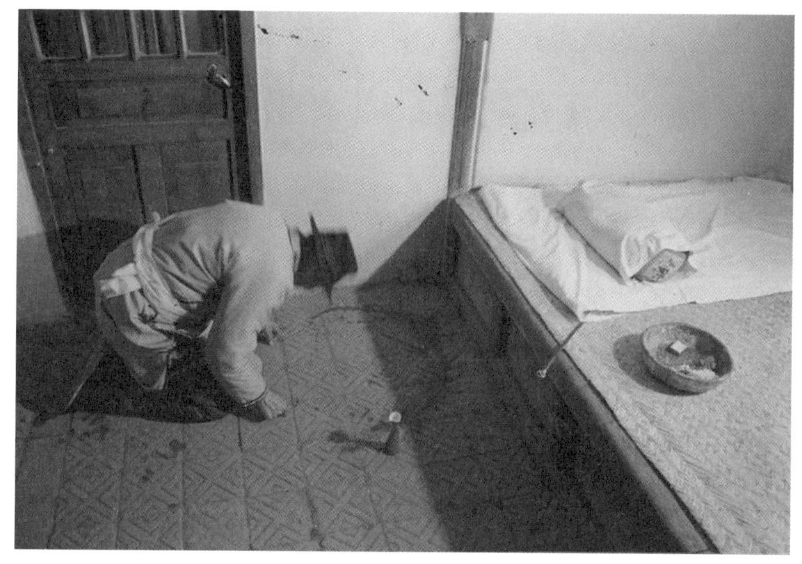

[사진 177] 다워얼족 사람은 고인의 침대 앞에서 위령주를 올리며 제사를 지낸다.

[사진 178] 시버족 장례식에서 영혼을 부르는 서리.

[사진 179] 시버족의 가족들이 망자의 짐을 태운다.

3. 기복 풍습

복을 빌며 재앙을 피하는 것은 샤머니즘의 중요한 개념이며, 샤머니즘의 종교 기능을 구성하는 부분이다. 이는 샤머니즘이 뛰어난 공리성과 현실성을 지니고 있음을 보여 준다. 재앙을 피하고 복을 기원하는 의식과 관념은 민족 생활에 큰 영향을 미친다. 예를 들면, 어렵, 교통, 축제, 음식, 의류, 거주, 자녀 기원, 출산, 결혼 등은 모두 행복을 추구하는 심리를 반영하여 독특한 기복 풍습을 형성하였다. 행복을 구하는 것은 인류가 공통적으로 원하는 것이지만, 그 행복의 관념은 오히려 천차만별이다. 강을 따라 사는 허저족은 깨끗한 강물을 숭배하고 있어 선상 결혼식을 올린다. 이것은 신혼부부에게 상서로움을 안겨 준다는 의미이다. 위구족은 결혼식에서 활을 쏘며 액막이와 복을 구한다. 조선족 신랑 신부는 결혼식에서 칠채로(七彩路)를 걸어야 한다. 칠채(七彩)는 태양을 상징하며, 신랑 신부에게 빛과 행복을 선사한다. 바로 이러한 독특하고 다채로운 민간풍습들이 다양한 북방 민속을 형성한 것이다.

[사진 180] 매(鷹)신은 보편적으로 숭배하는 신령이다. 북방 민족은 매를 좋아하여 길조로 간주한다. 사진은 몽고족 유목민이다.(위)
[사진 181] 만주족 사냥꾼은 매를 잡기 전에 매신 거거(格格)에게 제를 올린다. 세 개의 돌멩이를 쌓아 신당을 짓는데, 중간에 있는 돌은 매신이 거하는 9층 천공의 신산을 상징한다.(아래)

[사진 182] 매신의 가호가 있어야 매를 부리는 사람이 풍성한 사냥감을 얻을 수 있다.(위)
[사진 183] 허저족 사람들은 강을 끼고 살아 물고기를 잡으며 살고 있다. 강의 신을 물고기의 소유자로 인식하여 어획을 풍부하게 해주는 보호의 신으로 공경한다. 허저족 사람들은 강에서 고기를 잡기 전에 강의 신에게 성대하게 제사를 지내며, 1년 내내 순조로운 항해와 풍요로움을 기원한다. 사진은 어민이 선두에서 촛불을 켜고 강의 신에게 복을 내려달라고 기원하고 있는 모습.(아래)

[사진 184] 허저족 사람들은 강에 등불을 띄어 강의 신에게 제사를 지낸다.(위)
[사진 185] 강을 따라 거주하는 허저족은 깨끗한 강물을 숭배한다. 수상 결혼식을 거행하는 것은 상서로운 뜻이 깃든 것이다.(아래)

[사진 186] 위고족은 결혼식에서 활을 쏘며 액막이와 복을 기원한다.

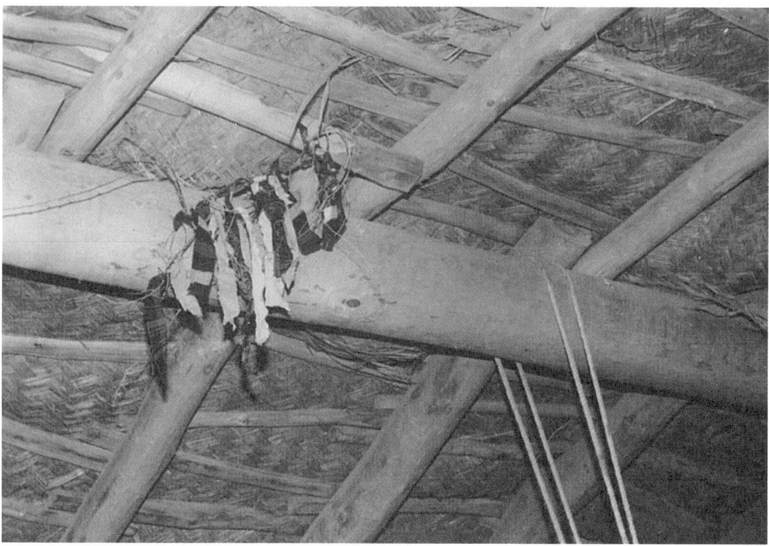

[사진 187] 몽고족은 오포(敖包)를 지날 때, 말에서 내려 제사와 경배로 복을 구한다.(위)
[사진 188] 위구르(維吾爾)족 사람들은 집 들보에 귀신이 머문다고 생각하여 그곳에 오색 띠를 달아 잡귀를 피하게 한다.(아래)

[사진 189] 키르키스족 여성 의복에 달린 동 장식의 소리는 액막이 호신작용을 한다.

4. 민간예술

샤머니즘 제례에는 사람들의 심금을 울리는 다양한 노래와 춤, 그리고 풍부하고 다채로운 의복(神服), 도구(神器), 우상(神偶) 등이 실제로 시가, 음악, 춤, 조각, 자수, 회화 등의 민간예술로 구현된다. 샤먼은 종종 뛰어난 민족 예술가이기도 하다. 북방민족의 민간예술은 원류가 오래되어 매우 화려하고 아름답다. 샤머니즘 사상관념과 다양한 종류의 표현방식은 민간예술에 깊은 영향을 미쳤다. 그것은 북방민족 민간예술의 범위를 풍부하게 해줄 뿐 아니라 민간예술 창작의 주제가 되기도 한다. 그러므로 강한 생명력을 갖게 되는 것이다.

[사진 190] 칭기즈칸릉 앞에서 몽고족 청년 박(博)이 일어나 북춤(鼓舞)을 추고 있다.(위)
[사진 191] 뭉고족 안대(安代)춤은 몽고 박이 정신적 질환을 치료하기 위해 추던 춤이었는데,
나중에는 민간 가무로 변화되었다.(아래)

[사진 192] 어른춘족의 모닥불 춤. 성화는 행복과 평화를 가져다준다.(위)
[사진 193] 허저족의 성대한 '오일공(烏日貢, 문화체육 경기)' 행사에서 샤먼이 북춤을 추고 있다.(아래)

[사진 194] 신수(당수) 앞에서 조선족이 풍년을 축하하는 농악춤을 추고 있다.(위)
[사진 195] 샤머니즘 백조 숭배관념을 반영한 위구르(維吾爾族)족의 백조춤.(아래)

[사진 196] 만주족 신성희(新城戲)[21] 《철혈여진(鐵血女真)》의 샤먼 춤이다.

21 만주족의 신성희는 1950년대 말, 1960년대 초 지린(吉林)성 부여(扶余) 일대에 유명한 만주족 곡예팔각고(曲藝八角鼓)를 바탕으로 발전한 것이다. 부여진(扶余鎮)은 청나라의 신성부치소(新城府治所)였기 때문에 신성희(新城戲)라 부르게 된 것이다.

[사진 197] 허저족의 가수 우리엔구에이(吳連貴)가 '이마칸(伊瑪堪)'22 중의 영웅고사를 설창하고 있다.(위)
[사진 198] 가정제사가 끝난 후, 만주족 부잉런(傅英仁)이 샤먼신화를 서술하고 있다.(아래)

22 이마칸(伊瑪堪)은 허저족의 곡예설서(曲藝說書) 형식으로, 헤이룽장(黑龍江)성에 있는 허저족이 모여 사는 지역에서 유행하였다. 2011년 11월 23일 유엔 '무형문화유산 긴급보호목록'에 등재되었다.

[사진 199] 샤미니즘의 대양숭배 관념을 반영한 위구르족의 태양 무늬 담벼락 조각.(위)
[사진 200] 동물숭배에서 유래한 우상(偶像)은 허저족 민간 예술 조각가의 공예제품이 되었다.(아래)

[사진 201] 허저족의 샤머니즘 제례를 소재로 한 민간 회화.(위)
[사진 202] 샤머니즘 제례를 소재로 한 만주족 전지(剪紙).(아래)

• 해제

샤머니즘은 원시적인 형태의 종교다.

샤머니즘은 원시 문화의 중요한 매개물이다. 선사시대부터 북방 민족의 역사와 철학, 문학, 예술, 체육, 민속학의 문화적 성과를 구체적으로 확인할 수 있다.

오늘날에도 이 전통 민족문화인 샤머니즘은 여전히 중국 북부 특정 지역에 존재하고 있다.

중국학자들은 일찍이 1930년대부터 무속주의 연구를 시작하였다. 그러나 대부분 특정 집단에 한정되었으며, 산발적인 조사에 그쳤다. 1950년대 후반과 1960년대 초반에는 민족적 사회 및 역사적 조건에 대한 전국적인 조사가 확대되면서 북동부와 북서부의 무속문화에 대한 보다 체계적인 조사가 실시되었다. 이에 1980년대 초반부터 북방 무속문화에 대한 철저한 조사가 본격적으로 시행되었다.

궈수윈(郭淑云), 왕홍강(王宏剛) 두 연구자는 『活着的萨满-中国萨满教』에 지난 20년 동안의 연구 성과를 담아내고 있다. 그리고 중국의 살아있는 무속문화에 중점을 두고 북방 민족 간의 무속적 활동을 실제로 확인하며, 무속 의식에 많은 문화적 요소와 숭배의 개념이 포함되어 있다는 사실을 밝히고 있다. 또한 이 저서에서는 다양한 관념이 반영된 제사의식에 대하여 체계적인 접근을 시도하였고, 그 결과 '사진'이라는 수단으로 풍부한 텍스트적 효과를 느끼게 하는 결과를 만들었다.

본서는 한 편의 샤머니즘 앨범으로 중국 샤머니즘의 현존하는 형식과 풍부한 문화 콘텐츠가 생생하게 전달되기를 바라며, 국내의 연구자들과 독자들 그리고 원시종교, 문화, 민족학, 민속학, 신화학 등의 인문학 연구에 직접적인 경험적 자료로 제공되기를 기대한다.

편자 소개

귀수윈(郭淑云)

동북사범대학을 졸업하고, 무한대학에서 박사학위를 받았다.
길림성 민족연구소 연구원, 장춘사범대학 샤먼문화동북민족연구센터 센터장을 역임했으며, 현재 대련민족학대학 교수, 동북소수민족역사문화연구센터 센터장을 겸하고 있다.
주로 중국 북방민족사와 북방민족의 샤먼문화을 연구하고 있다.
주요 저서로 『原始活态文化—萨满教透视』, 『萨满文化论』, 『中国北方民族萨满出神现象研究』, 『追寻萨满的足迹—松花江中上游满族萨满田野考察札记』, 『「乌布西奔妈妈」研究』 등이 있다.

왕홍강(王宏剛)

연변대학을 졸업하고, 길림성 사회과학원 문학연구소 연구원을 역임했으며, 현재 상하이 사회과학원 종교연구소 연구원이다.
중국 당대의 민족, 민간 종교문, 샤머니즘과 동북민족문화에 관한 연구에 주력하고 있다.
주요 논저로는 『东北亚历史与文化』, 『满族民俗文化论』, 『萨满教女神』 등의 저작과 「论满族萨满教的三种形态及其演变」 등 다수의 논문이 있다.

역자 소개

최재준

가천대학교 중어중문학과를 졸업하고 중국문화대학에서 문학석사, 연세대학교에서 문학박사 학위를 받았으며 현재 가천대학교 아시아문화연구소 연구교수로 있다. 주요 논저로는 「『兮甲盤』銘文 新釋」, 「商代 氣候에 관한 小考」 등이 있다.

이지원

성균관대학교 중어중문학과를 졸업하고 미국 UCLA에서 문학박사 학위를 받았으며 현재 가천대학교 동양어문학과 교수로 있다. 주요 저서로는 『중국어 외래어의 연구』, 『A discourse analysis of second- and third-person pronoun repetitions in Mandarin Chinese conversation』 등이 있다.

정문상

연세대학교 사학과를 졸업하고 같은 대학에서 문학박사 학위를 받았으며 현재 가천대학교 가천리버럴아츠칼리지 자유전공 교수로 있다. 주요 저서로는 『중국의 국민혁명과 상해학생운동』, 『연동하는 동아시아를 보는 눈』(공저) 등이 있다.

가천대학교 아시아문화연구소
아시아학술번역총서 2
알타이학시리즈 7

살아있는 샤먼-중국 샤머니즘

초판 1쇄 인쇄 2020년 5월 12일
초판 1쇄 발행 2020년 5월 20일

엮은이 궈수윈(郭淑云) 왕훙강(王宏剛)
옮긴이 최재준 이지원 정문상
기 획 가천대학교 아시아문화연구소
펴낸이 이대현
편 집 이태곤 문선희 권분옥 임애정 백초혜
디자인 안혜진 최선주 김주화
마케팅 박태훈 안현진

펴낸곳 도서출판 역락
출판등록 1999년 4월 19일 제303-2002-000014호
주소 서울시 서초구 동광로 46길 6-6 문창빌딩 2층 (우06589)
전화 02-3409-2060(편집), 2058(마케팅)
팩스 02-3409-2059
홈페이지 www.youkrackbooks.com
이메일 youkrack@hanmail.net

ISBN 979-11-6244-465-8 94080
979-11-6244-523-5(세트)

*책값은 뒤표지에 있습니다.
*파본은 구입처에서 교환해 드립니다.

이 번역서는 2018년도 가천대학교 교내연구비 지원에 의한 결과임.(GCU-2018-0705)

* 이 도서의 국립중앙도서관 출판예정도서목록(CIP)은 서지정보유통지원시스템 홈페이지(http://seoji.nl.go.kr)와 국가자료종합목록 구축시스템(http://kolis-net.nl.go.kr)에서 이용하실 수 있습니다.(CIP제어번호 : CIP2020017198)